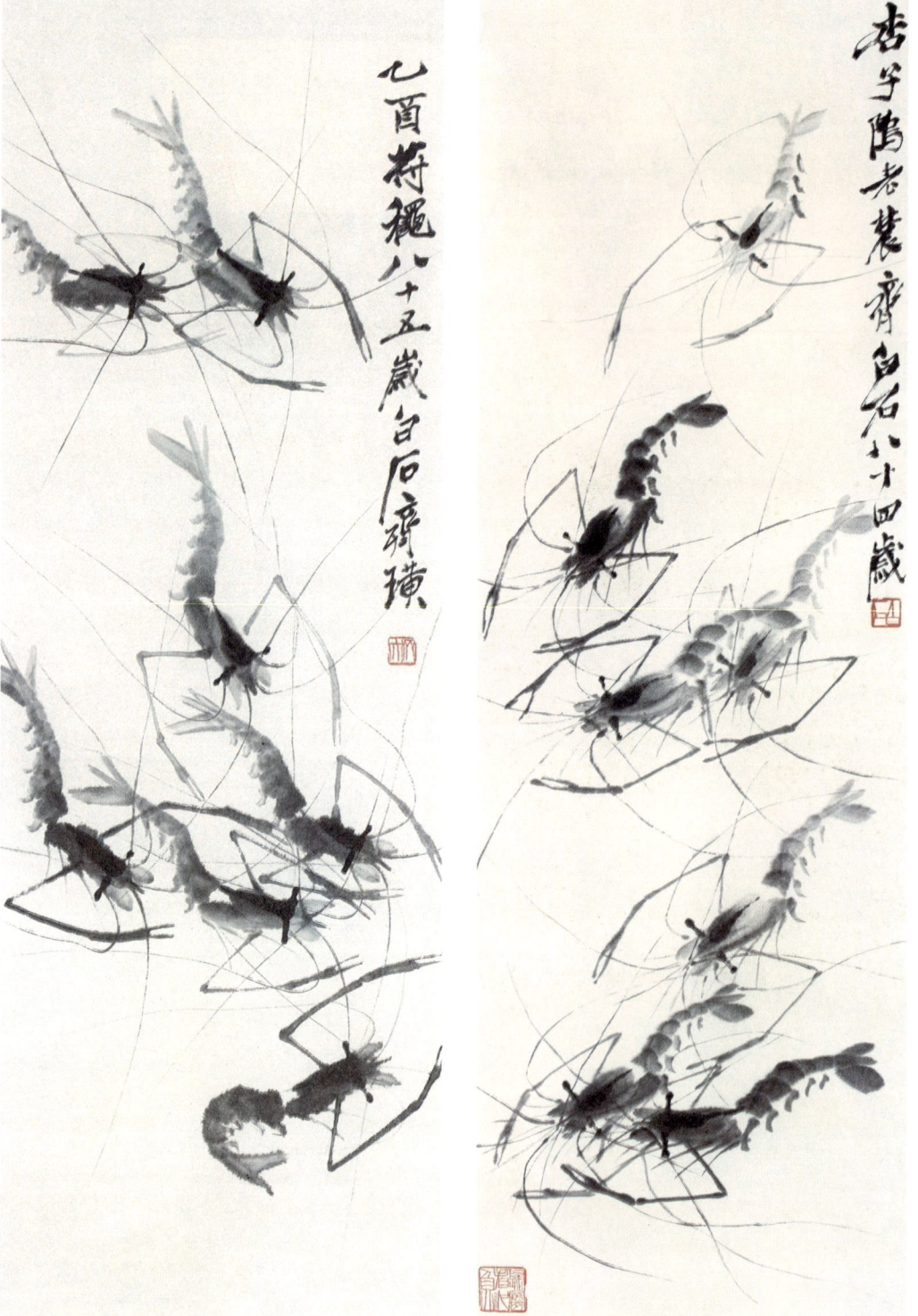

齐白石自述

齐白石◎著　周楠◎编

图书在版编目（CIP）数据

齐白石自述 / 齐白石著；周楠编 . —— 北京：当代世界出版社，2017.1
 ISBN 978-7-5090-1165-2

Ⅰ.①齐… Ⅱ.①齐…②周… Ⅲ.①齐白石（1864-1957）—自传 Ⅳ.①K825.72

中国版本图书馆 CIP 数据核字 (2016) 第 276478 号

书　　名：	齐白石自述
出版发行：	当代世界出版社
地　　址：	北京市复兴路 4 号（100860）
网　　址：	http://www.worldpress.org.cn
编务电话：	（010）83908456
发行电话：	（010）83908409
	（010）83908455
	（010）83908377
	（010）83908423（邮购）
	（010）83908410（传真）
经　　销：	全国新华书店
印　　刷：	北京毅峰迅捷印刷有限公司
开　　本：	710 毫米 × 1000 毫米 1/16
印　　张：	17
字　　数：	200 千字
版　　次：	2017 年 1 月第 1 版
印　　次：	2017 年 1 月第 1 次
书　　号：	978-7-5090-1165-2
定　　价：	39.80 元

如发现印装质量问题，请与承印厂联系调换。
版权所有，翻印必究，未经许可，不得转载！

目 录

辑一　自　述

出生时的家庭情况　/　002

从识字到上学　/　012

从砍柴牧牛到学做木匠　/　023

从雕花匠到画匠　/　032

诗画篆刻渐渐成名　/　052

五出五归　/　072

定居北京　/　095

避世时期　/　135

齐璜生平略自述　/　153

白石自状略　/　156

白石讲话二则　/　161

辑二　墓　志

祖母墓志　/　166

大匠墓志　/　168

次男子仁墓志　/　170

祭次男子仁文　/　171

祭妻弟陈春华文　/　173

齐璜母亲周太君身世　/　175

祖父万秉公墓志　/　178

小翁子葬志　/　180

祭陈夫人文　/　181

祭夫人胡宝珠文　/　183

忆先父　/　185

辑三　　其人其事

白石老人生平　/　188

画作精选 48 幅　/　201

篆刻与书法　/　252

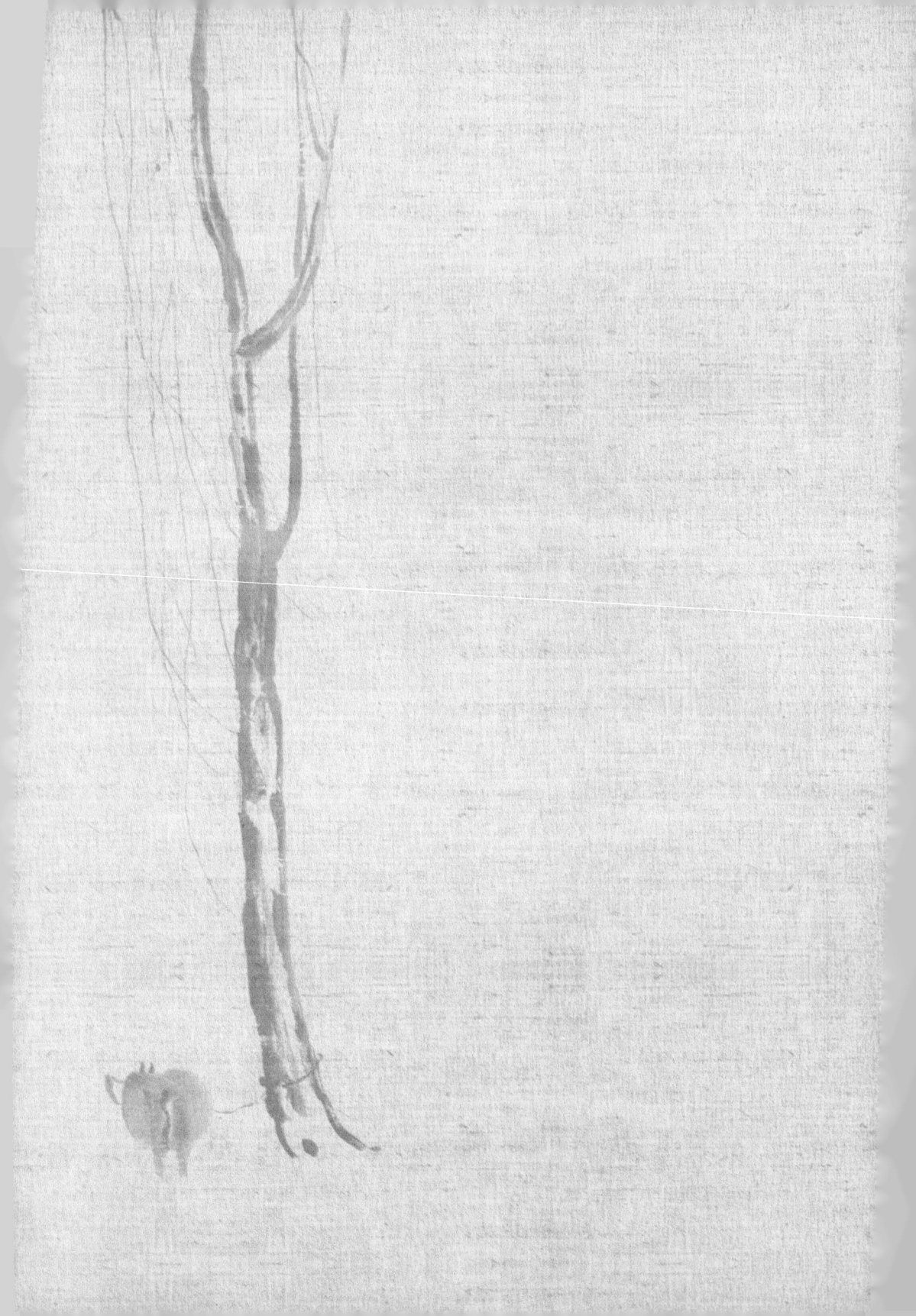

辑一

自述

出生时的家庭情况

（1863年）

穷人家孩子，能够长大成人，在社会上出头的，真是难若登天。我是穷窝子里生长大的，到老总算有了一点微名。回想这一生经历，千言万语，百感交集，从哪里说起呢？先说说我出生时的家庭状况吧！

我们家，穷得很哪！我出生在清朝同治二年（癸亥·一八六三）十一月二十二日，我生肖是属猪的。那时，我祖父、祖母、父亲、母亲都在堂，我是我祖父母的长孙，我父母的长子，我出生后，我们家就五口人了。家里有几间破屋，住倒不用发愁，只是不宽敞罢了。此外只有水田一亩，在大门外晒谷场旁边，叫作"麻子丘"。这一亩田，比别家的一亩要大得多，好年成可以打上五石六石的稻谷，收益真不算少，不过五口人吃这么一点粮食，怎么能够管饱呢？我的祖父同我父亲，只好去找零工活做。我们家乡的零工，是管饭的，做零工活的人吃了主人的饭，一天才挣二十来个制钱的工资。别看这二十来个制钱为数少，还不是容易挣到手的哩！第一，零工活不是天天有得做。第二，能做零工活的人又挺多。第三，有的人抢着做，情愿减少工资去竞争。第四，凡是出钱雇人做零工活的，都是刻薄鬼，不是好相处的。为了这几种原因，做零工活也就是"一天打鱼，三天晒网"，混不饱一家的肚子。没有法子，只好上山去打点柴，卖几个钱，贴补家用。就这样，一家子对付着活下去了。

我是湖南省湘潭县人。听我祖父说，早先我们祖宗，是从江苏省砀山县（今属安徽）搬到湘潭来的，这大概是明朝永乐年间的事。刚搬到湘潭，住在什么地方，可不知道了。只知在清朝乾隆年间，我的高祖添镒公，从晓霞峯的百步营搬到杏子坞的星斗塘，我就是在星斗塘出生的。杏子坞，乡里人叫它杏子树，又名殿子树。星斗塘是早年有块陨星，掉在塘内，所以得了此名，在杏子坞的东头，紫云山的山脚下。紫云山在湘潭县城的南面，离城有一百来里地，风景好得很。离我们家不到十里，有个地方叫

湖南湘潭杏子坞星斗塘齐白石故居

烟墩岭，我们的家祠在那里，逢年过节，我们姓齐的人，都去上供祭拜，我在家乡时候，是常常去的。

我高祖以上的事情，祖父在世时，对我说过一些，那时我年纪还小，又因为时间隔得太久，我现在已记不得了，只知我高祖一辈的坟地，是在星斗塘。现在我要说的，就从我曾祖一辈说起吧！我曾祖潢命公，排行第三，人称命三爷。我的祖宗，一直到我曾祖命三爷，都是务农为业的庄稼汉。在那个年月，穷人是没有出头日子的，庄稼汉世世代代是个庄稼汉，穷也就一直穷下去啦！曾祖母的姓，我不该把她忘了。十多年前，我回到过家乡，问了几个同族的人，他们比我长的人，已没有了，存着的，辈分年纪都比我小，他们都说，出生的晚，谁都答不上来。像我这样老而糊涂的人，真够岂有此理的了。

  我祖父万秉公，号宋交，大排行是第十，人称齐十爷。他是一个性情刚直的人，心里有了点不平之气，就要发泄出来，所以人家都说他是直性子，走阳面的好汉。他经历了太平天国的兴亡盛衰，晚年看着湘勇（即"湘军"）抢了南京的天王府，发财回家，置地买屋，美得了不得。这些杀人的刽子手们，自以为有过汗马功劳，都有戴上红蓝顶子的资格（清制：一二品官戴红顶子，三四品官戴蓝顶子）。他们都说："跟着曾中堂（指曾国藩）打过长毛"，自鸣得意。在家乡好像京城里的黄带子一样（清朝皇帝的本家，近支的名曰宗室，腰间系一黄带，俗称黄带子；远房的名曰觉罗，腰间系一红带，俗称红带子。黄带子犯了法，不判死罪，最重的罪名，发交宗人府圈禁，所以他们胡作非为，人均畏而避之）。要比普通老百姓高出一头，什么事都得他们占便宜，老百姓要吃一些亏。那时候的官，没有一个不和他们一鼻孔出气的，老百姓得罪了他们，苦头就吃得大了。不论官了私休，他们总是从没理中找出理来，任凭你生着多少张嘴，也搞不过他们的强词夺理来。甚至在风平浪静、各不相扰的时候，他们看见谁家老百姓光景过得去，也想没事找事，弄些油水。我祖父是个穷光蛋，他们打主意，倒还打不到他的头上去，但他看不惯他们欺压良民，无恶不作，心里总是不服气，忿忿地对人说："长毛并不坏，人都说不好，短毛真厉害，人倒恭维他，天下事还有真是非吗？"他就是这样不怕强暴、肯说实话的。他是嘉庆十三年（戊辰·一八〇八）十一月二十二日生的，和我的生日是同一天，他常说："孙儿和我同一天生日，将来长大了，一定忘不了我的。"他活了六十七岁，殁于同治十三年（甲戌·一八七四）的端阳节，那时我十二岁。

我祖母姓马，因为祖父人称齐十爷，人就称她为齐十娘。她是温顺和平、能耐劳苦的人，我小时候，她常常戴着十八圈的大草帽，背了我，到田里去干活。她十岁就没了母亲，跟着她父亲传虎公长大的，娘家的光景，跟我们差不多。道光十一年（辛卯·一八三一）嫁给我祖父，遇到祖父生了气，总是好好地去劝解，人家都称赞她贤惠。她比我祖父小五岁，是嘉庆十八年（癸酉·一八一三）十二月二十三日生的，活了八十九岁，殁于光绪二十七年（辛丑·一九一〇）十二月十九日，那时我三十九岁。

祖父祖母只生了我父亲一人，有了我这个长孙，疼爱得同宝贝似的，我想起了小时候他们对我的情景，总想到他们坟上去痛哭一场!

　　我父亲贯政公,号以德,性情可不同我祖父啦!他是一个很怕事、肯吃亏的老实人,人家看他像是"窝囊废",给他取了个外号,叫作"德螺头"。他逢到有冤没处伸的时候,常把眼泪往肚子里咽,真是懦弱到了极点了。

　　我母亲的脾气却正相反,她是一个既能干又刚强的人,只要自己有理,总要把理讲讲明白的。她待人却非常讲究礼貌,又能勤俭持家,所以不但人缘不错,外头的名声也挺好。我父亲要没有一位像我母亲这样的人帮助他,不知被人欺侮到什么程度了。

　　我父亲是道光十九年(己亥·一八三九)十二月二十八日生的,殁于民国十五年(丙寅·一九二六)七月初五日,活了八十八岁。我母亲比他小了六岁,是道光二十五年(乙巳·一八四五)九月初八日生的,殁于民国十五年三月二十日,活了八十二岁。我一年之内,连遭父母两丧,又因家乡兵乱,没有法子回去,说起了好像刀刺在心一样!

　　提起我的母亲,话可长啦!我母亲姓周,娘家住在周家湾,离我们星斗塘不太远。外祖父叫周雨若,是个教蒙馆的村夫子,家境也是很寒苦的。咸丰十一年(辛酉·一八六一)我母亲十七岁那年,跟我父亲结了婚。嫁过来的头一天,我们湘潭乡间的风俗,婆婆要看看儿媳妇的妆奁,名目叫作"检箱"。因为母亲的娘家穷，没有什么值钱的东西，自己觉得有些寒酸。我祖母也是个穷出身而能撑起硬骨头的人，对她说："好女不着嫁时衣，家道兴旺，全靠自己，不是靠娘家陪嫁东西来过日子的。"我母亲听了很激动，嫁后三天，就下厨房做饭，粗细活儿，都干起来了。她待公公婆婆，是很讲规矩的，有了东西，总是先敬翁姑，次及丈夫，最后才轮到自己。我们家乡，做饭是烧稻草的，我母亲看稻草上面，常有没打干净、剩下来的谷粒，觉得烧掉可惜，用捣衣的椎，一椎一椎地椎了下来。一天可以得谷一合，一月三升，一年就三斗六升了，积了差不多的数目，就拿去换棉花。又在我们家里的空地上，种了些麻。有了棉花和麻，我母亲就春天纺棉，夏天织麻。我们家里，自从母亲进门，老老小小穿用的衣服，都是用我母亲自织的布做成的，不必再到外边去买布。我母亲织成了布，染好了颜色，缝制成衣服，总也是翁姑在先，丈夫在次，自己在后。嫁后不两年工夫，衣服和布，足足地满了一箱。我祖父祖母是过惯穷日子的，看见了这么多的东西，喜出望外，高兴得了不得，说："儿媳妇的一双手，真是了不起。"她还养了不少的鸡鸭，也养过几口猪，鸡鸭下蛋，猪养大了，卖出去，一年也能挣些个零用钱，贴补家用的不足。我母亲就是这样克勤克俭的过日子，因此家境虽然穷得很，日子倒过得挺和美。

我出生的那年，我祖父五十六岁，祖母五十一岁，父亲

齐白石母亲周太君像
齐白石在母亲照片上题"母亲八十三岁遗像,男璜跪题"。

齐白石父亲齐以德像
齐白石在父亲照片上题"父亲八十九岁遗像,丙寅春照,丁卯八月睡不成寐,三十日此像(相)片寄到。父灵先到也"。

二十五岁,母亲十九岁。我出生以后,身体很弱,时常闹病,乡间的大夫,说是不能动荤腥油腻,这样不能吃,那样不能吃,能吃的东西,就很少的了。吃奶的孩子,怎能够自己去吃东西呢?吃的全是母亲的奶,大夫这么一说,就得由我母亲忌口了。可怜她爱子心切,听了大夫的话,不问可靠不可靠,凡是荤腥油腻的东西,一律忌食,恐怕从奶汁里过渡,对我不利。逢年过节,家里多少要买些鱼肉,打打牙祭,我母亲总是看着别人去吃,自己是一点也不沾唇的,忌口真是忌得干干净净。可恨我长大了,作客在外的时候居多，没有能够常依膝下，时奉甘旨，真可以说：罔极之恩，百身莫赎。

依我们齐家宗派的排法，我这一辈，排起来应该是个"纯"字，所以我派名纯芝，祖父祖母和父亲母亲，都叫我阿芝，后来做了木工，主顾们都叫我芝木匠，有的客气些叫我芝师傅。我的号，本叫渭清，祖父给我取的号，叫作兰亭。齐璜的"璜"字，是我的老师给我取的名字。老师又给我取了一个"濒生"的号。齐白石的"白石"二字，是我后来常用的号，这是根据白石山人而来的。离我们家不到一里地，有个驿站，名叫白石铺，我的老师给我取了一个"白石山人"的别号，人家叫起我来，却把"山人"两字略去，光叫我齐白石，我就自己也叫齐白石了。其他还有木居士、木人、老人、老木一，这都是说明我是木工出身，所谓不忘本而已。杏子坞老民、星塘老屋后人、湘上老农，是纪念我老家所在的地方。齐大，是戏用"齐大非耦"的成语，而我在本支，恰又排行居首。寄园、寄萍、老萍、萍翁、寄萍堂主人、寄幻仙奴，是因为我频年旅寄，同萍飘似的，所以取此自慨。当初取此"萍"字做别号，是从濒生的"濒"字想起的。借山吟馆主者、借山翁，是表示我随遇而安的意思。三百石印富翁，是我收藏了许多石章的自嘲。这一大堆别号，都是我作画或刻印时所用的笔名。我在中年以后，人家只知我名叫齐璜，号叫白石，连外国人都这样称呼，别的名号，倒并不十分被人注意，尤其齐纯芝这个名字，除了家乡上岁数的老一辈亲友，也许提起了还记得是我，别的人却很少知道的了。

从识字到上学

（1864年—1870年）

　　同治三年（甲子·一八六四），我两岁。四年（乙丑·一八六五），我三岁。这两年，正是我多病的时候，我祖母和我母亲，时常急得昏头晕脑，满处去请大夫。吃药没有钱，好在乡里人都有点认识，就到药铺子里去说好话，求人情，赊了来吃。我们家乡，迷信的风气是浓厚的，到处有神庙，烧香磕头，好像是理所当然。我的祖母和我母亲，为了我，几乎三天两朝到庙里去叩祷，希望我的病早早能治好。可怜她俩婆媳二人，常常把头磕得咚咚地响，额角红肿突起，像个大柿子似的，回到家来，算是尽了一桩心愿。

她俩心里着了急，也就顾不得额角疼痛了。我们乡里，还有一种巫师，嘴里胡言乱语，心里诈欺吓骗，表面上是看香头治病，骨子里是用神鬼来吓唬人。我祖母和我母亲，在急得没有主意的时候，也常常把他们请到家来，给我治病。经过请大夫吃药，烧香求神，请巫师变把戏，冤枉钱花了真不算少，我的病，还是好好坏坏地拖了不少日子。后来我慢慢地长大了，能走路说话了，不知怎的，病却渐渐地好了起来，这就乐煞了我祖母和我母亲了。母亲听了大夫的话，怕我的病重发，不吃荤腥油腻，就忌口忌得干干净净。祖母下地干活，又怕我待在家里，闷得难受，把我背在她背上，形影不离地来回打转。她俩常说："自己身体委屈点，劳累点，都不要紧，只要心里的疙瘩解消了，不担忧，那才是好的哩！"为了我这场病，简直的把她俩闹得怕极了。

　　同治五年（丙寅·一八六六），我四岁了。到了冬天，我的病居然完全好了。这两年我闹的病，有的说是犯了什么煞，有的说是得罪了什么神，有的说是胎里热着了外感，有的说是吃东西不合适，把肚子吃坏了，有的说是吹了山上的怪风，有的说是出门碰到了邪气，奇奇怪怪地说了好多名目，哪一样名目都没有说出个道理来。所以我那时究竟闹的是什么病，我至今都没有弄清楚，这就难怪我祖母和我母亲，当时听了这些怪话，要胸无主宰，心乱如麻了。然而我到了四岁，病确是好了，这不但我祖母和我母亲，好像心上搬掉了一块石头，就连我祖父和我父亲，也各长长地舒出了一口气，都觉着轻松得多了。我祖父有了闲工夫，常常抱了我，逗着我玩。他老人家冬天唯一的好衣服，是一件皮板挺硬、毛又掉了一半的黑山羊皮袄。他一辈子的积蓄，也许就是这件皮袄了。他怕我冷，就把皮袄的大襟敞开，把我裹在他胸前。有时我睡着了，他把皮袄紧紧围住。他常说：抱了孩子在怀里暖睡，是他生平第一乐事。他那年已五十九岁了，隆冬三九的天气，确也有些怕冷，常常拣拾些松枝在炉子里烧火取暖。他抱着我，蹲在炉边烤火，拿着通炉子的铁钳子，在松柴灰堆上，比划着写了个"芝"字，教我认识，说："这是你阿芝的'芝'字，你记准了笔画，别把它忘了！"实在说起来，我祖父认得的字，至多也不过三百来个，也许里头还有几个是半认得半不认得的。但是这个"芝"字，确是他很有把握认得的，而且写出来也不会写错的。这个"芝"字，是我开始识字的头一个。从此以后，我祖父每隔两三天，教我识一个字，识了一个，天天教我温习。他常对我说："识字要记住，还要懂得这个字的意义，用起来会用得恰当，这才算识得这个字了。假使贪多务博，识了转身就忘，意义也不明白，这是骗骗自己，跟没有识一样，怎能算是识字呢？"我小时候，资质还不算太笨，祖父教的字，认一个，识一个，识了以后，也不曾忘记。祖父见我肯用心，称赞我有出息，我祖母和我母亲听到了,也是挺喜欢的。

同治六年(丁卯·一八六七),我五岁。七年(戊辰·一八六八),我六岁。八年(己巳·一八六九),我七岁。这三年,仍由我祖父教我识字。有时我自己拿着根松树枝,在地上比划着写起字来,居然也像个样子。有时又画个人脸儿,圆圆的眼珠,胖胖的脸盘,很像隔壁的胖小子,加上了胡子,又像那个开小铺的掌柜了。

我五岁那年,我的二弟出生了,取名纯松,号叫效林。

我六岁那年,黄茅堆子到了一个新上任的巡检(略似区长),不知为什么事,来到了白石铺。黄茅堆子原名黄茅岭,也是个驿站,比白石铺的驿站大得多,离我们家不算太远,白石铺更离得近了。巡检原是知县属下的小官儿,论它的品级,刚刚够得上戴个顶子。这类官,流品最杂,不论张三李四,阿猫阿狗,花上几百两银子,买到了手,居然走马上任,做起"老爷"来了。芝麻绿豆般的起码官儿,又是花钱捐来的,算得了什么东西呢?可是"天高皇帝远",在外省也能端起了官架子,为所欲为地作威作虐。别看大官儿势力大,作恶多,外表倒是有个谱儿,坏就坏在它的骨子里。唯独这些鸡零狗碎的玩意儿,顶不是好惹的,他虽没有权力杀人,却有权力打人的屁股,因此,他在乡里,很能吓唬人一下。那年黄茅驿的巡检,也许新上任的缘故,排齐了旗锣伞扇,红黑帽拖着竹板,吆喝着开道,坐了轿子,耀武扬威地在白石铺一带打圈转。

乡里人向来很少见过官面的，听说官来了，拖男带女地去看热闹。隔壁的三大娘，来叫我一块走，母亲问我："去不去？"我回说："不去！"母亲对三大娘说："你瞧，这孩子挺别扭，不肯去，你就自己走吧！"我以为母亲说我别扭，一定是很不高兴了。谁知隔壁三大娘走后，却笑对我说："好孩子，有志气！黄茅堆子哪曾来过好样的官，去看他作甚！我们凭着一双手吃饭，官不官有什么了不起！"我一辈子不喜欢跟官场接近，母亲的话，我是永远记得的。

我从四岁的冬天起，跟我祖父识字。到了七岁那年，祖父认为他自己识得的字已经全部教完了，再有别的字，他老人家自己也不认得，没法再往下教。的确，我祖父肚子里的学问，已抖得光光净净的了，只好翻来覆去地教我温习已识的字。这三百来个字，我实在都识得滚瓜烂熟的了，连每个字的意思，都能讲解得清清楚楚。那年腊月初旬，祖父说："提前放了年学吧！"一面夸奖我识的字，已和他一般多，一面那唉声叹气，好像有什么心事似的。我母亲是个聪明伶俐的人，知道公公的叹气，是为了没有力量供给孙子上学读书的缘故，就对我祖父说："儿媳今年椎草椎下来的稻谷，积了四斗，存在隔岭的一个银匠家里，原先打算再积多一些，跟他换副银钗戴的。现在可以把四斗稻谷的钱取回来，买些纸笔书本，预备阿芝上学。阿爷明年要在枫林亭坐个蒙馆，阿芝跟外公读书，束修是一定免了的。我想，阿芝朝去夜回，这点钱虽不多，也许够他读一年的书。让他多识几个眼门前的字，会记记账，写写字条儿，有了这么一点挂数书的书底子，将来扶犁掌耙，也就算个好的掌作了。"我祖父听了很乐意，就决定我明年去上学了。

同治九年（庚午·一八七〇），我八岁。外祖父周雨若公，果然在枫林亭附近的王爷殿，设了一所蒙馆。枫林亭在白石铺的北边山上，离我们家有三里来地。过了正月十五灯节，母亲给我缝了一件蓝布新大褂，包在黑市旧棉袄外面，衣冠楚楚的，由我祖父领着，到了外祖父的蒙馆。照例先在孔夫子的神牌那里，磕了几个头，再向外祖父面前拜了三拜，说是先拜至圣先师，再拜受业老师，经过这样的隆重大礼，将来才能当上相公。

我从那天起，就正式地读起书来，外祖父给我发蒙，当然不收我束修。每天清早，祖父送我去上学，傍晚又接我回家。别看这三里来地的路程，不算太远，走的却尽是些黄泥路，平常日子并不觉得什么，逢到雨季，可难走得很哪！黄泥是挺滑的，满地是泥泞，一不小心，就得跌倒下去。祖父总是右手撑着雨伞，左手提着饭箩，一步一拐，仔细地看准了脚步，扶着我走。有时泥塘深了，就把我背了起来，手里还拿着东西，低了头直往前走，往往一走就走了不少的路，累得他气都喘不过来。他老人家已是六十开外的人，真是难为他的。

我上学之后，外祖父教我先读了一本《四言杂字》，随后又读了《三字经》《百家姓》。我在家里。本已识得三百来个字了，读起这些书来，一点不觉得费力，就读得烂熟了。在许多同学中间，我算是读得最好的一个。外祖父挺喜欢我，常对我祖父说："这孩子，真不错！"祖父也翘起了花白胡子，张开着嘴，笑嘻嘻地乐了。外祖父又教我读《千家诗》，我一上口，就觉得读起来很顺溜，音调也挺好听，越读越起劲儿。我们家乡，把只读不写、也不讲解的书，叫作"白口子"书。我在家里识字的时候，知道一些字的意义，进了蒙馆，虽说读的都是白口子书，我用一知半解的见识，琢磨了书里头的意思，大致可以懂得一半。尤其是《千家诗》，因为读着顺口，就津津有味地咀嚼起来，有几首我认为最好的诗，更是常在嘴里哼着，简直的成了个小诗迷了。后来我到了二十多岁时候，读《唐诗三百首》，一读就熟，自己学作几句诗，也一学就会，都是小时候读《千家诗》打好的根基。

那时，读书是拿着书本，拼命地死读，读熟了要背书，背的时候，要顺流而出，嘴里不许打咕嘟。读书之外，写字也算一门功课。外祖父教我写的，是那时通行的描红纸，纸上用木板印好了红色的字，写时依着它的笔姿，一竖一画地描着去写，这是我拿毛笔蘸墨写字的第一次，比用松树枝在地面上划着，有意思得多了。

　　为了我写字，祖父把他珍藏的一块断墨，一方裂了缝的砚台，郑重地给了我。这是他唯一的"文房四宝"中的两件宝具，原是预备他自己记账所用，平日轻易不往外露的。他"文房四宝"的另一宝——毛笔，因为笔头上的毛快掉光了，所以给我买了一枝新笔。描红纸家里没有旧存的，也是买了新的。我的书包里，笔墨纸砚，样样齐全，这门子的高兴，可不用提哪！有了这整套的工具，手边真觉方便。写字原是应做的功课，无须回避，天天在描红纸上，描呀，描呀，描个没完，有时描得也有些腻烦了，私下我就画起画来。

　　恰巧，住在我隔壁的同学，他婶娘生了个孩子。我们家乡的风俗，新产妇家的房门上，照例挂一幅雷公神像，据说是镇压妖魔鬼怪用的。这种神像，画得笔意很粗糙，是乡里的画匠，用朱笔在黄表纸上画的。我在五岁时，母亲生我二弟，我家房门上也挂过这种画，是早已见过的，觉得很好玩。这一次在邻居家又见到了，越看越有趣，很想模仿着画它几张。我跟同学商量好，放了晚学，取出我的笔墨砚台，对着他们家的房门，在写字本的描红纸上，画了起来。可是画了半天，画得总不太好。雷公的嘴脸，怪模怪样，谁都不知雷公究竟在哪儿，他长得究竟是怎样的相貌，我只依着神像上面的尖嘴薄腮，画来画去，画成了一只鹦鹉似的怪鸟脸了。自己看着，也不满意，改又改不合适。雷公像挂得挺高，取不下来，我想了一个方法，搬了一只高脚木凳，蹬了上去。只因描红纸质地太厚，在同学那边找到了一张包过东西的薄竹纸，覆在画像上面，用笔勾影了出来。画好了一看，这回画得真不错，和原像简直是一般无二，同学叫我另画一张给他，我也照画了。从此我对于画画，感觉着莫大的兴趣。

同学到蒙馆里一宣传，别的同学也都来请我画了。我就常常撕了写字本，裁开了，半张纸半张纸地画，最先画的是星斗塘常见到的一位钓鱼老头，画了多少遍，把他面貌身形都画得很像。接着又画了花卉、草木、飞禽、走兽、虫鱼等，凡是眼睛里看见过的东西，都把它们画了出来。尤其是牛、马、猪、羊、鸡、鸭、鱼、虾、螃蟹、青蛙、麻雀、喜鹊、蝴蝶、蜻蜓这一类眼前常见的东西，我最爱画，画得也就最多。雷公像那一类从来没人见过真的，我觉得有点靠不住。那年，我母亲生了我三弟，取名纯藻，号叫晓林。我家房门上又挂了雷公神像，我就不再去画了。我专给同学们画眼门前的东西，越画越多，写字本的描红纸却越撕越少，往往刚换上新的一本，到几天，又撕完了。外祖父是熟读朱柏庐《治家格言》的，嘴里常念着：

一粥一饭，当思来处不易；半丝半缕，恒念物力维艰。

他看我写字本用得这么多，留心考查，把我画画的事情查了出来，大不谓然，以为小孩子东涂西抹，是闹着玩的，白费了纸，把写字的正事却耽误了，屡次呵斥我："只顾着玩的，不干正事，你看看！描红纸白费了多少？"蒙馆的学生，都是怕老师的，老师的法宝，是戒尺，常常晃动着吓唬人，真要把他弄急了，也会用戒尺来打人手心的。我平日倒不十分淘气，没有挨过戒尺，只是为了撕写字本，好几次惹得外祖父生了气。幸而他向来是疼我的，我读书又比较用功，他光是嘴里嚷嚷要打，戒尺始终没曾落到我手心上。我的画瘾，已是很深，戒掉是办不到的，只有满处去找包皮纸一类的，偷偷地画，却也不敢像以前那样，尽量去撕写字本了。

到秋天，我正读着《论语》，田里的稻子，快要收割了，乡间的蒙馆和"子曰店"都得放"扮禾学"，这是照例的规矩。我小时候身体不健壮，恰巧又病了几天。那年的年景，不十分好，田里的收成很歉薄。我们家，平常过日子，本已是穷对付，一遇到田里收不多，日子就更不好过，在青黄不接的时候，穷得连粮食都没得吃了，我母亲从早到晚的发愁。等我病好了，母亲对我说："年头儿这么紧，糊住了嘴再说吧！"家里人手不够用，我留在家，帮着做点事，读了不到一年的书，就此停止了。田里有点芋头，母亲教我去拔，拿回家，用牛粪煨着吃。后来我每逢画着芋头，总会想起当年的情景，曾经题过一首诗：

一坯香芋暮秋凉，当得贫家谷一仓，到老莫嫌风味薄，自煨牛粪火炉香。

芋头吃完了，又去掘野菜吃，后来我题画菜诗，也有两句说：

充肚者胜半年粮，得志者勿忘其香。

穷人家的苦滋味，只有穷人自己明白，不是豪门贵族能知道的。

从砍柴牧牛到学做木匠

（1871年—1877年）

同治十年（辛未·一八七一），我九岁。十一年（壬申·一八七二）我十岁。十二年（癸酉·一八七三），我十一岁。这三年，我在家，帮着挑水、种菜、扫地、打杂，闲着就带着我两个兄弟。最主要的是上山砍柴，砍了柴，自己家里有得烧了，这可以卖了钱，补助家用。我那时，不是一个光会吃饭不会做事的闲汉了，但最喜欢做的，却是砍柴。邻居的孩子们，和我岁数差不多的，一起去上山的有的是，我们就成了很好的朋友。上了山，砍满了一担柴，我们在休息时候，常常集合三个人，做"打柴叉"的玩儿。打柴叉是用砍得的柴，每人取出一捆，一头着地，一头靠在一起，这就算是"叉"了。用柴耙远远地轮流掷过去，谁能掷倒了叉，就赢得别人的一捆柴。掷不倒的算是输，也就输掉自己的一捆柴。三人都掷倒了，或是都没曾掷倒，那是没有输赢。两人掷倒，就平分输的那一捆，每人赢到半捆。最好当然是独自一人赢了，可以得到两捆柴。因为三捆柴并在一起，柴耙又不是很重的，掷倒那个柴叉，并不太容易。一捆柴的输赢，总要玩上好大半天。这是穷孩子们不用花钱的娱乐，我小时候也挺高兴玩的。

后来我作客在外，有一年回到家乡，路过山上，看见一群砍柴的孩子，里头有几个相识的邻居，他们的上辈，早年和我一起砍过柴，玩过打柴叉的，我禁不住感伤起来，做了三首诗，末一首道：

来时歧路遍天涯，独到星塘认是家。我亦君年无累及，群儿欢跳打柴叉。

这诗我收在《白石诗草》卷一里头，诗后我又注道："余生长于星塘老屋，儿时架柴为叉，相离数伍，以柴爬掷击之，叉倒者为赢，可得薪。"大概小时候做的事情，到老总是会回忆的。

我在家里帮着做事，又要上山砍柴，一天到晚，也帮忙的。偶或有了闲工夫，我总忘不了读书，把外祖父教过我的几本书，从头至尾，重复地温习。描红纸写完了，祖父给我买了几本黄表纸钉成的写字本子，又买了一本木版印的大楷字帖，教我临摹，我每天总要写上一页半页。只是画画，仍是背着人的，写字本上的纸，不敢去撕了，找到了一本祖父记账的旧账簿，把账簿拆开，页数倒是挺多，足够我画一气的，就这样，一晃，两年多过去了。

我十一岁那年，家里因为粮食不够吃，租了人家十几亩田，种上了，人力不够，祖父出的主意，养了一头牛。祖父叫我每天上山，一边牧牛，一边砍柴，顺便捡点粪，还要带着我二弟纯松一块儿去，由我照看，免得他在家碍手碍脚耽误母亲做事。祖母担忧我身体不太好，听了算命瞎子的话，说："水星照命，孩子多灾，防防水星，就能逢凶化吉。"买了一个小铜铃，用红头绳系在我脖子上，对我说："阿芝！带着二弟上山去，好好儿地牧牛砍柴，到晚晌，我在门口等着，听到铃声由远而近，知道你们回来了，煮好了饭，跟你们一块儿吃。"我母亲又取来一块小铜牌，牌上刻着"南无阿弥陀佛"六个字，和铜铃系在一起，说："有了这块牌，山上的豺狼虎豹、妖魔鬼怪都不敢近身的。"可惜这个铜铃和这块铜牌，在民国初年，家乡兵乱时丢失了。后来我特地另做了一份小型的，系在裤带上。我还刻过一方印章，自称"佩铃人"。又题过一首画牛的诗道：

星塘一带杏花风，黄犊出栏东复东，身上铃声慈母意，如今亦作听铃翁。

这都是纪念我祖母和母亲当初待我的一番苦心的。

我每回上山,总是带着书本的,除了看牛和照顾我二弟以外,砍柴捡粪,是应做的事,温习旧读的几本书,也成了日常的功课。有一天,尽顾着读书,忘了砍柴,到天黑回家,柴没砍满一担,粪也捡得很少,吃完晚饭,我又取笔写字。祖母憋不住了,对我说:"阿芝!你父亲是我的独生子,没有哥哥弟弟,你母亲生了你,我有了长孙了,真把你看作夜明珠,无价宝似的。以为我们家,从此田里地里,添了个好掌作,你父亲有了个好帮手哪!你小时候多病,我和你母亲,急成个什么样子,求神拜佛,烧香磕头哪一种辛苦没有受过!现在你能砍柴了,家里等着烧用,你却天天只管写字。俗语说得好:三日风,四日雨,哪见文章锅里煮?明天要是没有了米吃,阿芝,你看怎么办呢?难道说,你捧了一本书,或是拿着一支笔,就能饱了肚子吗?唉!可惜你生下来的时候,走错了人家!"我听了祖母的话,知道她老人家是为了家里贫穷,盼望我多费些力气,多帮助些家用,怕我尽顾着读书写字,把家务耽误了。从此,我上山虽仍带了书去,总把书挂在牛犄角上,等捡足了粪,和满满地砍足了一担柴之后,再取下书来读。我在蒙馆的时候,《论语》没有读完,有不认识的字和不明白的地方,常常趁放牛之便,绕道到外祖父那边,去请问他。这样,居然把一部《论语》,对付着读完了。

同治十三年（甲戌·一八七四），我十二岁。我们家乡的风俗，为了家里做事的人手，男孩子很小就娶亲，把儿媳妇接过门来交拜天地、祖宗、家长，名目叫作"拜堂"。儿媳妇的岁数总要比自己的孩子略为大些，为的是能够帮着做点事。等到男女双方，都长大成人了，再拣选一个"好日子"，合卺同居，名目叫作"圆房"。在已经拜堂还没曾圆房之时，这位先进门的儿媳妇，名目叫作"童养媳"，乡里人也有叫作"养媳妇"的。在女孩子的娘家，因为人口多，家景不好，吃喝穿着，负担不起，又想到女大当嫁，早晚是夫家的人，早些嫁过去，倒省掉一条心，所以也就很小让她过门。不过这都是小门小户人家的穷打算，豪门世族是不多见的。听说，这种风俗，时无分古今，地无分南北，从古如此，遍地皆然，那么，不光是我们湘潭一地所独有的了。

那年正月二十一日，由我祖父祖母和我父亲母亲做主，我也娶了亲啦！我妻娘家姓陈，名叫春君，她是同治元年（壬戌·一八六二）十二月二十六日生的，比我大一岁。她是我的同乡，娘家的光景，当然不会好的，从小就在家里操作惯了，嫁到我家当童养媳，帮助我母亲煮饭洗衣，照看小孩，既勤恳，又耐心。有了闲暇，手里不是一把剪子，就是一把铲子，从早到晚，手不休脚不停的，里里外外，跑出跑进。别看她年纪还小，只有十三岁，倒是料理家务的一把好手。祖父祖母和父亲母亲，都夸她能干,非常喜欢她。我也觉得她好得很,心里乐滋滋的。只因那时候不比现在开通,心里的事不肯露在脸上,万一给人家闲话闲语,说是"疼媳妇",那就怪难为情的了。所以我和她,常常我看看她,她看看我,嘴里不说,心里明白而已。

我娶了亲,虽说还是小孩子脾气,倒也觉得挺高兴。不料端阳节那天,我祖父故去了,这真是一个晴天霹雳!想起了祖父用炉钳子划着炉灰教我识字,用黑羊皮袄围抱了我在他怀里暖睡,早送晚接地陪我去上学,这一切情景,都在眼前晃漾。心里头的难过,到了极点,几乎把这颗心,在胸膛子里,要往外蹦出来了。越想越伤心,眼睛鼻子,一阵一阵地酸痛,眼泪止不住了,像泉水似的直往下流。足足地哭了三天三宵,什么东西,都没有下肚。祖母原也是一把眼泪一把鼻涕地天天在哭泣,看见我这个样子,抽抽噎噎的,反而来劝我:"别这么哭了!你身体单薄,哭坏了,怎对得起你祖父呢!"父亲母亲也得含着两泡眼泪,对我说:"三天不吃东西,怎么能顶得下去?祖父疼你,你是知道的,你这样糟蹋自己身体,祖父也不会心安的。"他们的话,都有理,只是我克制不了我自己,仍是哭个不停。后来哭得累极了,才呼呼地睡着。

这是我出生以来第一次遭遇到的不幸之事。当时我们家,东凑西挪,能够张罗得出的钱,仅仅不过六十千文,合那时的银圆价,也就是六十来块钱。没有法子,穷人不敢往好处想,只能尽着这六十千文钱,把我祖父身后的大事,从棺殓到埋葬,总算对付过去了。

光绪元年(乙亥·一八七五),我十三岁。二年(丙子·一八七六),我十四岁。这两年,在我祖父故去之后,经过这回丧事,家里的光景,更显得窘迫异常。田里的事情,只有我父亲一人操作,也显得劳累不堪。母亲常对我说:"阿芝呀!我恨不得你们哥儿几个,快快长大了,身长七尺,能够帮助你父亲,糊得住一家人的嘴啊!"我们家乡,煮饭是烧柴灶的,我十三岁那年,春夏之交,雨水特多,我不能上山砍柴,家里米又吃完了,只好掘些野菜,用积存的干牛粪煨着吃,柴灶好久没用,雨水灌进灶内,生了许多青蛙,灶内生蛙,可算得一桩奇闻了。我母亲支撑这样一个门庭,实在不是容易的事。

我十四岁那年,母亲又生了我四弟纯培,号叫云林。我妻春君帮着料理家务,侍奉我祖母和我父亲母亲,煮饭洗衣和照看我弟弟,都由她独自担当起来。我小时候身体很不好,祖父在世之时,我不过砍砍柴,牧牧牛,捡捡粪,在家里打打杂,田里的事,一概没有动手过。此刻父亲对我说:"你岁数不小了,学学田里的事吧!"他就教我扶犁。我学了几天,顾得了犁,却顾不了牛,顾着牛,又顾不着犁了,来回地折磨,弄得满身是汗,也没有把犁扶好。父亲又叫我跟着他下田,插秧耘稻,整天地弯着腰,在水田里泡,比扶犁更难受。有一次,干了一天,够我累的,傍晚时候，我坐在星斗塘岸边洗脚，忽然间，脚上痛得像小钳子乱铗，急忙从水里拔起脚来一看，脚趾头上已出了不少的血。父亲说："这是草虾欺侮了我儿啦！"星斗塘里草虾很多，以后我就不敢在塘里洗脚了。

光褚三年（丁丑·一八七七），我十五岁。父亲看我身体弱，力气小，田里的事，实在累不了，就想叫我学一门手艺，预备将来可以糊口养家。但是，究竟学哪一门手艺呢？父亲跟我祖母和我母亲商量过好几次，都没曾决定出一个准主意来。那年年初，有一个乡里人称他为"齐满木匠"的，是我的本家叔祖，他的名字叫齐仙佑，我的祖母，是他的堂嫂，他到我家来，向我祖母拜年。我父亲请他喝酒。在喝酒的时候，父亲跟他说妥，我去拜他为师。跟他学做木匠手艺。隔了几天，拣了个好日子，父亲领我到仙佑叔祖的家里，行了拜师礼，吃了进师酒，我就算他的正式徒弟了。

仙佑叔祖的手艺，是个粗木作，又名大器作，盖房子立木架是本行，粗糙的桌椅床凳和种田用的犁耙之类，也能做得出来。我就天天拿了斧子锯子这些东西，跟着他学。刚过了清明节，逢到人家盖房子，仙佑叔祖带了我去给他们立木架，我力气不够，一根大檩子，我不但抗不动，扶也扶不起，仙佑叔祖说我太不中用了，就把我送回家来。父亲跟他说了许多好话，千恳万托地求他收留，他执意不肯，只得罢了。

我在家里，耽了不到一个月。父亲托了人情，又找到了一位粗木作的木匠，名叫齐长龄，领我去拜师。这位齐师傅，也是我们远房的本家，倒能体恤我，看我力气差得很，就说："你好好地练罢！什么事都是练出来的，常练练，就能把力气练出来了。"

记得那年秋天我跟着齐师傅做完工回来，在乡里的田塍上，远远地看见对面过来三个人，肩上有的背了木箱，有的背着很坚实的粗布大口袋，箱里袋里装的，也都是些斧锯钻凿这一类的家伙，一看就知道是木匠，当然是我们的同行了，我并不在意。想不到走到近身，我的齐师傅垂下了双手，侧着身体，站在旁边，满面堆着笑意，问他们好。他们三个人，却倨傲得很，略微地点了一点头，爱理不理地搭讪着："从哪里来？"齐师傅很恭敬地答道："刚给人家做了几件粗糙家具回来。"交谈了不多几句话，他们头也不回地走了。齐师傅等他们走远，才拉着我往前走。我觉得很诧异，问道："我们是木匠，他们也是木匠，师傅为什么要这样恭敬？"齐师傅拉长了脸说："小孩子不懂得规矩！我们是大器作，做的是粗活，他们是小器作，做的是细活。他们能做精致小巧的东西，还会雕花，这种手艺，不是聪明人，一辈子也学不成的，我们大器作的人，怎敢和他们并起并坐呢？"我听了，心里很不服气，我想："他们能学，难道我就学不成！"因此，我就决心要去学小器作了。

从雕花匠到画匠
（1878年—1889年）

光绪四年（戊寅·一八七八），我十六岁。祖母因为大器作木匠，非但要用很大力气，有时还要爬高上房，怕我干不了。母亲也顾虑到，万一手艺没曾学成，先弄出了一身的病来。她们跟父亲商量，想叫我换一行别的手艺，照顾我的身体，能够轻松点的才好。我把愿意去学小器作的意思，说了出来，他们都认为可以，就由父亲打听得有位雕花木匠，名叫周之美的，要领个徒弟。这是好机会，托人去说，一说就成功了。我辞了齐师傅，到周师傅那边去学手艺。

这位周师傅，住在周家洞，离我们家，也不太远，那年他三十八岁。他的雕花手艺，在白石铺一带，是很出名的，他用平刀法，雕刻人物，尤其是他的绝技。我跟着他学，他肯耐心地教。说也奇怪，我们师徒二人，真是有缘，处得非常之好。我很佩服他的本领，又喜欢这门手艺，学得很有兴味。他说我聪明，肯用心，觉得我这个徒弟，比任何人都可爱。他是没有儿子，简直的把我当作亲生儿子一样地看待。他又常常对人说："我这个徒弟，学成了手艺，一定是我们这一行的能手，我做了一辈子的工，将来面子上沾着些光彩，就靠在他的身上啦！"人家听了他的话，都说周师傅名下有个有出息的好徒弟，后来我出师后，人家都很看得起，这是我师傅提拔我的一番好意，我一辈子都忘不了他的。

光绪五年（己卯·一八七九），我十七岁。六年（庚辰·一八八〇），我十八岁。七年（辛巳·一八八一），我十九岁。照我们小器作的行规，学徒期是三年零一节，我因为在学徒期中，生了一场大病，耽误了不少日子，所以到十九岁的下半年，才满期出师。我生这场大病，是在十七岁那年的秋天，病得非常危险，又吐过几口血，只剩得一口气了。祖母和我父亲，急得没了主意直打转。我母亲恰巧生了我五弟纯隽，号叫佑五，正在产期，也急得东西都咽不下口。我妻陈春君，嘴里不好意思说，背地里淌了不少的眼泪。后来请到了一位姓张的大夫，一剂"以寒伏火"的药，吃下肚去，立刻就见了效，连服几剂调理的药，病就好了。

病好之后，仍到周师傅处学手艺，经过一段较长时间，学会了师傅的平刀法，又琢磨着改进了圆刀法，师傅看我手艺学得很不错，许我出师了。出师是一桩喜事，家里的人都很高兴，祖母跟我父亲母亲商量好，拣了一个好日子，请了几桌客，我和陈春君"圆房"了，从此，我和她才是正式的夫妻。那年我是十九岁，春君是二十岁。

我出师后，仍是跟着周师傅出外做活。雕花工是计件论工的，必须完成了这一件，才能去做那一件。周师傅的好手艺，白石铺附近一百来里地的范围内，是没有人不知道的，因此，我的名字，也跟着他，人人都知道了。人家都称我"芝木匠"，当着面，客气些，叫我"芝师傅"。我因家里光景不好，挣到的钱，一个都不敢用掉，完工回了家，就全部交给我母亲。母亲常常笑着说："阿芝能挣钱了，钱虽不多，总比空手好得多。"

那时，我们师徒常去的地方，是陈家垅胡家和竹冲黎家。胡黎两姓，都是有钱的财主人家，他们家里有了婚嫁的事情，男家做床橱，女家做妆奁，件数做得很多，那是由我们师徒去做的。有时师傅不去，就由我一人单独去了，还有我的本家齐伯常的家里，我也是常去的。伯常名叫敦元，是湘潭的一位绅士，我到他家，总在他们稻谷仓前做活，和伯常的儿子公甫相识。论岁数，公甫比我小得多，可是我们很谈得来，成了知己朋友。后来我给他画了一张《秋姜馆填词图》，题了三首诗，其中一首道：

稻粱仓外见君小，草莽声中并我衰。放下斧斤作知己，前身应作蠹鱼来。

就是记的这件事。

那时雕花匠所雕的花样，差不多都是千篇一律。祖师传下来的一种花篮形式，更是陈陈相因，人家看得很熟。雕的人物，也无非是些麒麟送子、状元及第等一类东西。我以为这些老一套的玩意儿，雕来雕去，雕个没完，终究人要看得腻烦的。我就想法换个样子，在花篮上面，加些葡萄、石榴、桃、梅、李、杏等果子，或牡丹、芍药、梅、兰、竹、菊等花木。人物从绣像小说的插图里，勾摹出来，都是些历史故事。还搬用平日常画的飞禽走兽、草木虫鱼，加些布景，构成图稿。我运用脑子里所想得到的，造出许多新的花样，雕成之后，果然人都夸奖说好。我高兴极了，益发地大胆创造起来。

那时，我刚出师不久，跟着师傅东跑西转，倒也一天没有闲过。只因年纪还轻，名声不大，挣的钱也就不会太多。家里的光景，比较头二年，略为好些，但因历年积叠的亏空，短时间还弥补不上，仍显得很不宽裕。我妻陈春君一面在家料理家务，一面又在屋边空地，亲手种了许多蔬菜，天天提了木桶，到井边汲水。有时肚子饿得难受，没有东西可吃，就喝点水，算是搪搪饥肠。娘家来人问她："生活得怎样？"她总是说："很好！"不肯露出丝毫穷相。她真是一个挺得起脊梁顾得住面子的人！可是我们家的实情，瞒不过隔壁的邻居们，有一个惯于挑拨是非的邻居女人，曾对春君说过："何必在此吃辛吃苦，凭你这样一个人，还找不到有钱的丈夫！"春君笑着说："有钱的人，会要有夫之妇？我只知命该如此，你也不必为我妄想！"春君就是这样甘熬穷受苦，没有一点怨言的。

光绪八年（壬午·一八八二），我二十岁。仍是肩上背了个木箱，箱里装着雕花匠应用的全套工具，跟着师傅，出去做活。在一个主顾家中，无意间见到一部乾隆年间翻刻的《芥子园画谱》，五彩套印，初二三集，可惜中间短了一本。虽是残缺不全，但从第一笔画起，直到画成全幅，逐步指说，非常切合实用。我仔细看了一遍，才觉着我以前画的东西，实在要不得，画人物，不是头大了，就是脚长了；画花草，不是花肥了，就是叶瘦了。较起真来，似乎都有点小毛病，有了这部画谱，好像是捡到了一件宝贝，就想从头学起，临它个几十遍。转念又想：书是别人的，不能久借不还，买新的，湘潭没处买，长沙也许有，价码可不知道，怕有也买不起。只有先借到手，用早年勾影雷公像的方法，先勾影下来，再仔细琢磨。想准了主意，就向主顾家借了来，跟母亲商量，在我挣来的工资里，匀出些钱，买了点薄竹纸和颜料毛笔，在晚上收工回家的时候,用松油柴火为灯,一幅一幅地勾影。足足画了半年,把一部《芥子园画谱》除了残缺的一本以外,都勾影完了,钉成了十六本。从此,我做雕花木活,就用《芥子园画谱》做根据,花样既推陈出新,不是死板板的老一套,画也合乎规格,没有不相匀称的毛病了。

雕花床床楣(局部图),约1882年—1902年,现湘潭齐白石纪念馆藏。

雕花屏（局部图），约1882年—1902年，现湖南省博物馆藏。

雕花床床楣（局部图），约1882年—1902年，现湘潭齐白石纪念馆藏。

雕花床床屏（局部图），约1882年—1902年，现湘潭齐白石纪念馆藏。

我雕花得来的工资，贴补家用，还是微薄得很。家里缺米少柴的，时常闹着穷。我母亲为了开门七件事，整天地愁眉不展。祖母宁可自己饿着肚子，留了东西给我吃。我是个长子，又是出了师学过手艺的人，不另想想办法，实在看不下去。只得在晚上闲暇之时，匀出功夫，凭我一双手，做些小巧玲珑的玩意儿，第二天一清早，送到白石铺街上的杂货店里，许了他们一点利益，托他们替我代卖。我常做的，是一种能装旱烟也能装水烟的烟盒子，用牛角磨光了，配着能活动开关的盖子，用起来很方便，买的人倒也不少。大概两三个晚上，我能做成一个，除了给杂货店掌柜二成的经手费以外，每个我还能得到一斗多米的钱。那时，乡里流行的，旱烟吸叶子烟，水烟吸条丝烟。我旱烟水烟，都学会吸了，而且吸得有了瘾。我卖掉了自己做的牛角烟盒子，吸烟的钱，就有了着落啦，连烧料烟嘴的旱烟管，和吸水烟用的铜烟袋，都赚了出来。剩余的钱，给了我母亲，多少济一些急，但是还救不了根本的穷，不过聊胜于无而已。

光绪九年（癸未·一八八三），我二十一岁。那年，春君怀了孕，怀的是头一胎。恰巧家里缺柴烧，我们星斗塘老屋，后面是靠着紫云山，她拿了把厨刀，跑到山上去砍松枝。她这时，快要生产了，拖着笨重的身子，上山很费力，就用两手在地上爬着走，总算把柴砍得了，拿回来烧。到了九月，生了个女孩，这是我们的长女，取名菊如，后来嫁给了姓邓的女婿。

我在早先上山砍柴时候，交上一个朋友，名叫左仁满，是白石铺胡家冲的人，离我们家很近。他岁数跟我差不多，我学做木匠那年，他也从师学做篾匠手艺，他出师比我早几个月，现在我们都长大了，他也娶了老婆，有了孩子，我们歇工回来，仍是常常见面，交情倒越交越深。他学成了一手编竹器的好手艺，家庭负担比较轻，生活上比我略微好一些。他是喜欢吹吹弹弹的，能拉胡琴，能吹笛子，能弹琵琶，能打板鼓。还会唱几句花鼓戏，几段小曲儿。我们常在一起玩，他吹弹拉唱，我就画画写字。有时他叫我教他画画，他也教我弹唱。乡里有钱的人，常往城里跑，去找玩儿的。我们是穷孩子出身，闲暇时候，只能做这样不花钱的消遣。我后来喜欢听戏，也会唱几支小曲，都是那时受了左仁满的影响。

光绪十年（甲申·一八八四），我二十二岁。十一年（乙酉·一八八五），我二十三岁。十二年（丙戌·一八八六），我二十四岁。十三年（丁亥·一八八七），我二十五岁。十四年（戊子·一八八八），我二十六岁。这五年，我仍是做着雕花活为生，有时也还做些烟盒子一类的东西。我自从有了一部自己勾影出来的《芥子园画谱》，翻来覆去地临摹了好几遍，画稿积存了不少。乡里熟识的人知道我会画，常常拿了纸，到我家来请我画。在雕花的主顾家里，雕花活做完以后，也有留着我不放我走，请我画的。凡是请我画的，多少都有点报酬，送钱的也有，送礼物的也有。

我画画的名声，跟做雕花活的名声，一样地在白石铺一带传开了去。人家提到了芝木匠，都说是画得挺不错。

我平日常说："说话要说人家听得懂的话，画画要画人家看见过的东西"。我早先画过雷公像，那是小孩子的淘气，闹着着玩的。知道了雷公是虚造出来的，就此不画了。但是我画人物，却喜欢画古装，这是《芥子园画谱》里有的，古人确是穿着过这样衣服，看了戏台上唱戏的打扮，我就照它画了出来。我的画在乡里出了点名，来请我画的，大部分是神像功对，每一堂功对，少则四幅，多的有到二十幅的。画的是玉皇、老君、财神、火神、灶君、阎王、龙王、灵官、雷公、电母、雨师、风伯、牛头、马面和四大金刚、哼哈二将之类。这些位神仙圣佛，谁都没见过他们的本来面目，我原是不喜欢画的，因为画成了一幅，他们送我一千来个钱，合银元块把钱，在那时的价码，不算少了，我为了挣钱吃饭，又却不过乡亲们的面子，只好答应下来，以意为之。有的画成一团和气，有的画成满脸煞气。和气好画，可以采用"芥子园"的笔法；煞气可麻烦了，决不能都画成雷公似的，只得在熟识的人中间，挑选几位生有异相的人，作为蓝本，画成以后，自己看着，也觉可笑。我在枫林亭上学的时候，有几个同学，生得怪头怪脑的，现在虽说都已长大了，面貌究竟改变不了多少，我就不问他们同意不同意，偷偷地都把他们画上去了。

我在二十六岁那年的正月，我母亲生了我六弟纯楚，号叫宝林。我们家乡，把最小的叫作"满"，纯楚是我最小的兄弟，我就叫他满弟。我母亲一共生了我弟兄六人，又生了我三个妹妹，我们家，连同我祖母，我父亲母亲，和春君，我的长女菊如，老老小小，十四口人了。父亲同我二弟纯松下田耕作，我在外边做工，三弟纯藻在一所道士观里给人家烧煮茶饭，别的弟妹，大一些的，也牧牛的牧牛，砍柴的砍柴，倒是没有一个闲着的。祖母已是七十七岁的人，只能在家里看看孩子，做些轻微的事情。春君整天忙着家务，忙里偷闲，养了一群鸡鸭，又种了许多瓜豆蔬菜，有时还帮着我母亲纺纱织布。她夏天纺纱，总是在葡萄架下阴凉的地方，我有时回家，也喜欢在那里写字画画，听了她纺纱的声音，觉得聒耳可厌。后来我常常远游他乡，老来回忆，想听这种声音，已是不可再得。因此我前几年写过一首诗道：

　　山妻笑我负平生，世乱身衰重远行。年少厌闻难再得，葡萄阴下纺纱声。

　　我母亲纺纱织布，向来是一刻不闲。尤其使她为难的，是全家的生活重担，都由她双肩挑着，天天移东补西，调排用度，把这点微薄的收入，糊住十四个嗷嗷待哺的嘴，真够她累心累力的。

　　三弟纯藻，也是为了糊住自己的嘴，多少还想挣些钱来，贴补家用，急于出外做工。他托了一位远房本家，名叫齐铁珊的，荐到一所道士观中。给他们煮饭打杂。齐铁珊是齐伯常的弟弟，我的好朋友齐公甫的叔叔，他那时正同几个朋友，在道士观内读书。我因为三弟的缘故，常到道士观去闲聊，和铁珊谈得很投机。

我画神像功对，铁珊是知道的，每次见了我面，总是先问我："最近又画了多少，画的是什么？"我做雕花活，他倒不十分关心，他好像专门关心我的画。有一次，他对我说："萧芗陔快到我哥哥伯常家里来画像了，我看你何不拜他为师！画人像，总比画神像好一些。"

我也素知这位萧芗陔的大名，只是没有会见过，听了铁珊这么一说，我倒动了心啦。不多几天，萧芗陔果然到了齐伯常家里来了，我画了一幅《李铁拐像》，送给他看，并托铁珊、公甫叔侄俩，代我去说，愿意拜他为师。居然一说就合，等他完工回去，我就到他家去，正式拜师。这位萧师傅，名叫传鑫，芗陔是他的号，住在朱亭花钿，离我们家有一百来里地，相当的远。他是纸扎匠出身，自己发奋用功，经书读得烂熟，也会做诗，画像是湘潭第一名手，又会画山水人物。他把拿手本领，都教给了我，我得他的益处不少。他又介绍他的朋友文少可和我相识，也是个画像名手，家住在小花石。这位文少可也很热心，他的得意手法，都端给我看，指点得很明白。我对于文少可，也很佩服，只是没有拜他为师。我认识了他们二位，画像这一项，就算有了门径了。

那年冬天，我到赖家垅衡里去做雕花活。赖家垅离我们家，有四十多里地，路程不算近，晚上就住在主顾家里。赖家坨在佛祖岭的山脚下，那边住的人家，都是姓赖的。衙里是我们家乡的土话，就是聚族而居的意思。我每到晚上，照例要画画的，赖家的灯火，比我家里的松油柴火光亮得多，我就着灯盏画了几幅花鸟，给赖家的人看见了，都说："芝师傅不是光会画神像功对的，花鸟也画得生动得很。"于是就有人来请我给他女人画鞋头上的花样，预备画好了去绣的。又有人说："我们请寿三爷画个帐檐，往往等了一年半载，还没曾画出来，何不把我们的竹布取回来，就请芝师傅画画呢？"我光知道我们杏子坞有个绅士，名叫马迪轩，号叫少开，他的连襟姓胡，人家都称他寿三爷，听说是竹冲韶塘的人，离赖家垅不过两里多地，他们所说的，大概就是此人。我听了他们的话，当时却并未在意。到了年底，雕花活没有做完，留着明年再做，我就辞别了赖家，回家过年。

光绪十五年（己丑·一八八九），我二十七岁。过了年，我仍到赖家坨去做活。有一天，我正在雕花，赖家的人来叫我，说："寿三爷来了，要见见你！"我想："这有什么事呢？"但又不能不去。见了寿三爷，我照家乡规矩，叫了他一声"三相公"。寿三爷倒也挺客气，对我说："我是常到你们杏子坞去的，你的邻居马家，是我的亲戚，常说起你：人很聪明，又能用功。只因你常在外边做活，从没有见到过，今天在这里遇上了，我也看到你的画了，很可以造就！"又问我："家里有什么人？读过书没有？"还问我："愿不愿再读读书，学学画？"我一一的回答，最后说："读书学画，我是很愿意，只是家里穷，书也读不起，画也学不起。"寿三爷说："那怕什么？你要有志气，可以一面读书学画，一面靠卖画养家，也能对付得过去。你如愿意的话，等这里的活做完了，就到我家来谈谈！"我看他对我很诚恳，也就答应了。

这位寿三爷，名叫胡自倬，号叫沁园，又号汉槎。性情很慷慨，喜欢交朋友，收藏了不少名人字画，他自己能写汉隶，会画工笔花鸟草虫，做诗也做得很清丽。他家附近，有个藕花池，他的书房就取名为"藕花吟馆"，时常邀集朋友，在内举行诗会，人家把他比作孔北海，说是："座上客常满，樽中酒不空。"他们韶塘胡姓，原是有名的财主，但是寿三爷这一房，因为他提倡风雅，素广交游，景况并不太富裕，可见他的人品，确是很高的。我在赖家垅完工之后，回家说了情形，就到韶塘胡家。那天正是他们诗会的日子，到的人很多。寿三爷听说我到了，很高兴，当天就留我同诗会的朋友们一起吃午饭，并介绍我见了他家延聘的教读老夫子。这位老夫子，名叫陈作埙，号叫少蕃，是上田的人，学问很好，湘潭的名士。吃饭的时候，寿三爷又问我："你如愿意读书的话，就拜陈老夫子的门吧！不过你父母知道不知道？"我说："父母倒也愿意叫我听三相公的话，就是穷……"

话还没说完,寿三爷拦住了我,说:"我不是跟你说过,你就卖画养家!你的画,可以卖出钱来,别担忧!"我说:"只怕我岁数大了,来不及。"寿三爷又说:"你是读过《三字经》的!苏老泉,二十七,始发愤,读书籍。你今年二十七岁,何不学学苏老泉呢?"陈老夫子也接着说:"你如果愿意读书,我不收你的学俸钱。"同席的人都说:"读书拜陈老夫子,学画拜寿三爷,拜了这两位老师,还怕不能成名!"我说:"三相公栽培我的厚意,我是感激不尽。"寿三爷说:"别三相公了!以后就叫我老师吧!"当下,就决定了。吃过了午饭,按照老规矩,先拜了孔夫子,我就拜了胡陈二位,做我的老师。

我拜师之后,就在胡家住下。两位老师商量了一下,给我取了一个名字,单名叫作"璜",又取了一个号,叫作"濒生",因为我住家与白石铺相近,又取了个别号,叫做"白石山人",预备题画所用。少蕃师对我说:"你来读书,不比小孩子上蒙馆了,也不是考秀才赶科举的,画画总要会题诗才好,你就去读《唐诗三百首》吧!这部书,雅俗共赏,从浅的说,入门很容易,从深的说,也可以钻研下去,俗话常说,熟读唐诗三百首,不会作诗也会作,这话不是完全没有道理的。诗的一道,本是易学难工,你能专心用功,一定很有成就。常言道,有志者,事竟成。又道,天下无难事,只怕有心人,天下事的难不难,就看你有心没心了!"

从那天起，我就读《唐诗三百首》了。我小时候读过《千家诗》，几乎全部都能背出来，读了《唐诗三百首》，上口就好像见到了老朋友，读得很有味。只是我识字不多，有很多生字，不容易记熟，我想起一个笨法子，用同音的字，注在书页下端的后面，温习时候，一看就认得了。这种法子，我们家乡叫作"白眼字"，初上学的人，常有这么用的。过了两个来月，少蕃师问我："读熟几首了？"我说："差不多都读熟了。"他有些不信，随意抽问了几首，我都一字不遗地背了出来。他说："你的天分，真了不起！"实在说来，是他的教法好，讲了读，读了背，背了写，循序而进，所以读熟一首，就明白一首的意思，这样既不会忘掉，又懂得好处在哪里。《唐诗三百首》读完之后，接着读了《孟子》。少蕃师又叫我在闲暇时，看看《聊斋志异》一类的小说，还时常给我讲讲唐宋八家的古文。我觉得这样的读书，真是人生最大的乐趣了。

我跟陈少蕃老师读书的同时，又跟胡沁园老师学画，学的是工笔花鸟草虫。沁园师常对我说："石要瘦，树要曲，鸟要活，手要熟。立意、布局、用笔、设色，式式要有法度，处处要合规矩，才能画成一幅好画。"他把珍藏的古今名人字画，叫我仔细观摩。又介绍了一位谭荔生，叫我跟他学画山水。这位谭先生，单名一个"溥"字，别号瓮塘居士，是他的朋友。我常常画了画，拿给沁园师看，他都给我题上了诗。他还对我说："你学学作诗吧！光会画，不会作诗，总是美中不足。"那时正是三月天气,藕花吟馆前面,牡丹盛开。沁园师约集诗会同人,赏花赋诗,他也叫我加入。我放大了胆子,作了一首七绝,交了上去,恐怕作得太不像样,给人笑话,心里有些跳动。沁园师看了,即面带笑容,点着头说:"作得还不错!有寄托。"说着,又念道:"莫羡牡丹称富贵,却输梨橘有余甘。这两句不但意思好,十三谭的甘字韵,也押得很稳。"说得很多诗友都围拢上来,大家看了,都说:"濒生是有聪明笔路的,别看他根基差,却有性灵。诗有别才,一点儿不错!"

这一炮,居然放响,是我料想不到的。从此,我摸索得了作诗的诀窍,常常做了,向两位老师请教。当时常在一起的,除了姓胡的几个人,其余都是胡家的亲戚,一共有十几个人,只有我一人,不是胡家的亲故,他们倒都跟我处得很好。他们大部分是财主人家的子弟,至不济的也是小康之家,比我的家景,总要强上十倍,他们并不嫌我出身寒微,一点没有看不起我的意思,后来都成了我的好朋友。

那年七月十一日,春君生了个男孩,这是我们的长子,取名良元,号叫伯邦,又号子贞。我在胡家,读书学画,有吃有住,心境安适得很,眼界也广阔多了,只是想起了家里的光景,决不能像在胡家认识的一般朋友的胸无牵挂。干雕花手艺,本是很费事的,每一件总得雕上好多日子。把身子困住了,别的事就不能再做。画画却不一定有什么限制。可以自由自在地，有闲暇就画。没闲暇就罢，画起来，也比雕花省事得多。就觉得沁园师所说的"卖画养家"这句话，确实是既方便，又实惠。

那时照相还没盛行。画像这一行手艺，生意是很好的。画像，我们家乡叫作描容，是描画人的容貌的意思。有钱的人，在生前总要画几幅小照玩玩，死了也要画一幅遗容，留作纪念。我从萧芗陔师傅和文少可那里，学会了这行手艺，还没有给人画过，听说画像的收入比画别的来得多，就想开始干这一行了。沁园师知道我这个意思，到处给我吹嘘，韶塘附近一带的人，都来请我去画，一开始，生意就很不错。每画一个像，他们送我二两银子，价码不算大少，但是有些爱贪小便宜的人，往往在画像之外，叫我给他们女眷画些帐檐、袖套、鞋样之类，甚至叫我画幅中堂，画堂屏条，算是白饶。好在这些东西，我随便画上几笔，倒也并不十分费事。我们湘潭风俗，新丧之家，妇女们穿的孝衣，都把袖头翻起，画上些花样，算作装饰。这种零碎玩意儿，更是画遗容时必须附带着画的，我也总是照办了。后来我又琢磨出一种精细画法，能够在画像的纱衣里面，透现出袍褂上的团龙花纹，人家都说，这是我的一项绝技。人家叫我画细的，送我四两银子，从此就作为定例。我觉得画像挣的钱，比雕花多，而且还省事，因此，我就扔掉了斧锯钻凿一类家伙，改了行，专做画匠了。

诗画篆刻渐渐成名

(1890年—1901年)

光绪十六年（庚寅·一八九〇），我二十八岁。十七年（辛卯·一八九一），我二十九岁。十八年（壬辰·一八九二），我三十岁。十九年（癸巳·一八九三），我三十一岁。二十年（甲午·一八九四），我三十二岁。这五年，我仍靠着卖画为生，来往于杏子坞韶塘周围一带。在我刚开始画像的时候，家景还是不很宽裕，常常为了灯盏缺油，一家子摸黑上床。有位朋友黎丹，号叫雨民，是沁园师的外甥，到我家来看我，留他住下，夜无油橙，烧了松枝，和他谈诗。另一位朋友王训，也是沁园师的外甥，号叫仲言，他的家里有一部白香山《长庆集》，我借了来，白天没有闲暇，只有晚上回了家，才能阅读，也因家里没有灯油，烧了松柴，借着柴火的光亮，对付着把它读完。后来我到了七十岁时，想起了这件事，做过一首《往事示儿辈》的诗，说：

村书无角宿缘迟，廿七年华始有师，

灯盏无油何害事，自烧松火读唐诗。

没有读书的环境，偏有读书的嗜好，你说，穷人读一点书，容易不容易？

我三十岁以后，画像画了几年，附近百来里地的范围以内，我差不多跑遍了东西南北。乡里的人，都知道芝木匠改行做了画匠，说我画的画比雕的花还好。生意越做越多，收入也越来越丰，家里靠我这门手艺，光景就有了转机。母亲紧皱了半辈子的眉毛，到这时才慢慢地放开了。祖母也笑着对我说："阿芝！你倒没有亏负了这支笔，从前我说过，摇见文章锅里煮，现在我看见你的画，却在锅里煮了！"我知道祖母是说的高兴话，就画了几幅画，挂在屋里，又写了一张横幅，题了"甑屋"两个大字，意思是："可以吃得饱啦，不致于像以前锅里空空的了。"

那时我已并不专搞画像，山水人物，花鸟草虫，人家叫我画的很多，送我的钱也不比画像少。尤其是仕女，几乎三天两朝有人要我画的，我常给他们画些西施、洛神之类。也有人点景要画细致的，像文姬归汉、木兰从军等等，他们都说我画得很美，开玩笑似的叫我"齐美人"。老实说，我那时画的美人，论笔法，并不十分高明，不过乡人光知道表面好看，家乡又没有比我画得好的人，我就算独步一时了。常言这："蜀中无大将，廖化作先锋"，他们这样抬举我，说起来，真是惭愧得很。但是，也有一批势利鬼，看不起我是木匠出身，画是要我画了，却不要题款。好像是：画是风雅的东西，我是算不得斯文中人，不是斯文人，不配题风雅画。我明白他们的意思，觉得很可笑，本来不愿意跟他们打交道，只是为了挣钱吃饭，也就不去计较这些。他们既不少给我钱，题不题款，我倒并不在意。

我们家乡，向来是没有裱画铺的，只有几个会裱画的人，在四乡各处，来来往往，应活做工，萧芗陔师傅就是其中的一人。我在沁园师家读书的时候，沁园师曾把萧师傅请到家里，一方面叫他裱画，一方面叫大公子仙谱跟他学做这门手艺。特地匀出了三间大厅，屋内中间，放着一张尺码很长很大的红漆桌子，四壁墙上，钉着平整干净的木板格子，所有轴干、轴头、别子、绫绢、丝绦、宣纸，以及排笔、糨糊之类，置备得齐齐备备，应有尽有。沁园师对我说："濒生，你也可以学学！你是一个画家，学会了，装裱自己的东西，就透着方便些。给人家做做活，也可以作为副业谋生。"沁园师处处为我打算，真是无微不至。我也觉得他的

辑一 自述

《西施浣纱图》
约1893年作，90cm×33cm，现首都博物馆藏。题款"作于沁园精舍。齐璜制"。

《麻姑进酿图》
1894年作，130cm×67.5cm，现中央美术学院藏。题款"麻姑进酿图。晓村先生大人志庆。时甲午冬月，濒生齐璜"。

胡沁园肖像
约1910年—1914年，现湖南省湘潭市齐白石纪念馆藏。

话很有道理，就同仙逋，跟着萧师傅，从托纸到上轴，一层一层的手续，都学会了。乡里裱画，全绫挖嵌的很少，讲究的，也不过"绫栏圈""绫镶边"而已，普通的那是纸裱。我反复琢磨，认为不论绫裱纸裱，关键全在托纸，托得匀整平贴，挂起来，才不会有卷边抽缩，弯腰驼背等毛病。比较难的，是旧画揭裱。揭要揭得原件不伤分毫，裱要裱得清新悦目，遇有残破的地方，更要补得天衣无缝。一般裱画，只会裱新的，不会揭裱旧画，萧师傅是个全才，裱新画是小试其技，揭裱旧画是他的拿手本领。我跟他学了不少日子，把揭裱旧画的手艺也学会了。

我三十二岁那年，二月二十一日，春君又生了个男孩，这是我们的次子，取名良黼，号叫子仁。我自从在沁园师家读书以后，由于沁园师的吹嘘，朋友们的介绍，认识的人，渐渐地多了。住在长塘的黎松安，名培銮，又名德恂，是黎雨民的本家。那年春天，松安请我去画他父亲的遗像，他父亲是上年故去的。王仲言在他们家教家馆，彼此都是熟人，我就在松安家住了好

齐白石画沁园师母像
1901年作，现辽宁省博物馆藏。题注"沁园师母五十岁小像。时辛丑四月。门人齐璜恭写"。

齐白石画胡沁园像，1896年作。

多时候。长塘在罗山的山脚下，杉溪的后面，溪水从自竹坳来，风景很幽美。那时，松安的祖父还在世。他老先生是会画几笔山水的，也收藏了些名人字画，都拿了出来给我看，我就临摹了几幅。

朋友们知道我和王仲言都在黎松安家，他们常来相叙，仲言发起组织了一个诗会，约定集会地点，在白泉棠花村罗真吾、醒吾弟兄家里。真吾名天用,他的弟弟醒吾名天觉,是沁园师的侄婿,我们时常在一起,都是很相好的。讲实在的话,他们的书底子都比我强得多,作诗的功夫也比我深得多。不过那时是科举时代,他们多少有点弋取功名的心理,试场里用得着的是试帖诗,他们为了应试起见,都对试帖诗有相当研究,而且都曾下了苦功揣摩过的。试帖诗虽是工稳妥帖,又要圆转得体,作起来确是不容易,但过于拘泥板滞,一点儿不见生气。我是反对死板板无生气的东西的,作诗讲究性灵,不愿意像小脚女人似的扭捏作态。因此,各有所长,也就各做一派。他们能用典故,讲究声律,这是我比不上的,若说做些陶写性情、歌咏自然的句子,他们也不一定比我好了。

我们的诗会,起初本是四五个人,随时集在一起,谈诗论文,兼及字画篆刻,音乐歌唱,倒也兴趣很浓。只是没有一定日期,也没有一定规程。到了夏天,经过大家讨论,正式组成了一个诗社,借了五龙山的大杰寺内几间房子,作为社址,就取名为龙山诗社。五龙山在中路铺白泉的北边,离罗真吾、醒吾弟兄所住的棠花村很近。大杰寺是明朝就有的,里边有很多棵银杏树,地方清静幽雅,是最适宜避暑的地方。诗社的主干,除了我和王仲言、罗真吾、醒吾弟兄,还有陈茯根、谭子荃、胡立三,一共是七个人,人家称我们为龙山七子。陈茯根名节,板桥人,谭子荃是罗真吾的内兄,胡立三是沁园师的侄子，都是常常见面的好朋友。他们推举我做社长，我怎么敢当呢？他们是世家子弟，学问又比我强，叫我去当头儿，好像是存心跟我开玩笑，我是坚辞不干。王仲言对我说："濒生，你固执了！我们是论齿，七人中，年纪是你最大，你不当，是谁当了好呢？我们那是熟人，社长不过应个名而已，你还客气什么？"他们都附和王仲言的话，说我客气得无此必要。我没法推辞，只得答允了。

社外的诗友，却也很多，常常来的，有黎松安、黎薇荪、黎雨民、黄伯魁、胡石庵、吴刚存等诸人，也都是我们向来极相熟的。只有一个名叫张登寿，号叫仲扬的，是我新认识的。这位张仲扬，出身跟我一样寒微，年轻时学过铁匠，也因自己发愤用功，读书读得很有一点成就，拜了我们湘潭的大名士王湘绮先生做老师，经学根底很深，诗也作得非常工稳。乡里的一批势利鬼，背地里仍有叫他张铁匠的。这和他们在我改行以后，依旧叫我芝木匠，是一样轻视的意思。我跟他，都是学过手艺的人，一见面就很亲热，交成了知己朋友。

光绪二十一年（乙未·一八九五），我三十三岁。黎松安家里，也组成了一个诗社。松安住在长塘，对面一里来地，有座罗山，俗称罗网山，因此，取名为"罗山诗社"。我们龙山诗社的主干七人，和其他社外诗友，也都加入，时常去作诗应课。两山相隔，有五十来里地，我们跑来跑去，并不嫌着路远。那年，我们家乡遭逢了很严重的旱灾，田里的庄稼，都枯焦得不成样子，秋收是没有把握的了，乡里的饥民，就一群一群地到有钱人家去吃饭。我们家乡的富裕人家，家里都有谷仓，存着许多稻谷，年年吃掉了旧的，再存新的，永远是满满的仓，这是古人所说积谷防饥的意思。可是富裕人家，究属是少数，大多数的人们，平日糊得上嘴，已不容易，哪有力量积存稻谷，逢到灾荒，就没有饭吃，为了活命，只有去吃富户的一法。他们去的时候，排着队伍，鱼贯而进，倒也很守秩序，不是乱抢乱撞的。到了富户家里，自己动手开仓取谷，打米煮饭，但也并不是把富户的存谷完全吃光，吃了几顿饱饭，又往别的地方，换个人家去吃。乡里人称他们为"吃排饭"。但是他们一群去了，另一群又来，川流不息地来来去去，富户存的稻谷，归根结蒂，虽没吃光，也就吃得所剩无几了。我们这些诗友，恰巧此时陆续地来到黎松安家，本是为了罗山诗社来的，附近的人，不知底细，却造了许多谣言，说是长塘黎家，存谷太多，连一批破靴党（意指不安本分的读书人）都来吃排饭了。

那时，龙山诗社从五龙山的大杰寺内迁出，迁到南泉冲黎雨民的家里。我往来于龙山、罗山两诗社，他们都十分欢迎。这其间另有一个原因，原因是什么呢？他们要我造花笺。我们家乡，是买不到花笺的，花笺是家乡土话，就是写诗的诗笺。两个诗社的社友，都是少年爱漂亮，认为作成了诗，写的是白纸，或是普通的信笺，没有写在花笺上，觉得是一件憾事，有了我这个能画的人，他们就跟我商量了。我当然是义不容辞，立刻就动手去做，用单宣和官堆一类的纸，裁八行信笺大小，在晚上灯光之下，一张一张地画上几笔，有山水，也有花鸟，也有草虫，也有鱼虾之类，着上了淡淡的颜色，倒也雅致得很。我一晚上能够画出几十张，一个月只要画上几个晚上，分给社友们写用，就足够的了。王仲言常常对社友说："这些花笺，是濒生辛辛苦苦造成的。我们写诗的时候，一定要仔细地用，不要写错。随便糟蹋了，非但是怪可惜的，也对不起濒生煞夜的辛苦！"说起这花笺，另有一段故事：在前几年，我自知文理还不甚通顺，不敢和朋友们通信，黎雨民要我跟他书信往来，特意送了我一些信笺，逼着我给他写信，我就从此开始写起信来，这确是算得我生平的一个纪念。不过雨民送我的，是写信用的信笺，不是写诗用的花笺。为了谈起造花笺的事，我就想起黎雨民送我信笺的事来了。

光绪二十二年（丙申·一八九六），我三十四岁。我起初写字，学的是馆阁体，到了韶塘胡家读书以后，看了沁园、少蕃两位老师写的，都是道光年间我们湖南道州何绍基一体的字，我也跟着他们学了。又因诗友们，有几位会写钟鼎篆隶，兼会刻印章

《鲤鱼》
约1889年—1899年作，150.6cm×50.8cm，现中国美术馆藏。题注"润生弟属。兄齐璜。此幅乃予二十岁时之作，九十以后重见，其中七六十年（六七十年）笔墨自有是非，把笔记之，不胜太息。九十一白石尚在客。白石二十岁后无此二小印矣。又记"。

《梅花喜鹊》
约 1895 年—1900 年作，127cm×33cm，现湖南省博物馆藏。题款"继老仁世丈大人雅令，白石山人齐璜画"。

的，我想学刻印章，必须先会写字，因之我在闲暇时候，也常常写些钟鼎篆隶了。前二年，我在人家画像，遇上了一个从长沙来的人，号称篆刻名家，求他刻印的人很多，我也拿了一方寿山石，请他给我刻个名章。隔了几天，我去问他刻好了没有？他把石头还了给我，说："磨磨平，再拿来刻！"我看这块寿山石光滑平整，并没有什么该磨的地方，既是他这么说，我只好磨了再拿去。他看也没看，随手搁在一边。又过了几天，再去问他，仍旧把石头扔还给我，说："没有平，拿回去再磨磨！"我看他倨傲得厉害，好像看不起我这块寿山石。也许连我这个人，也不在他的眼中。我想：何必为了一方印章，自讨没趣。我气忿之下，把石头拿回来，当夜用修脚刀，自己把它刻了。第二天一早，给那家主人看见，很夸奖地说："比了这位长沙来的客人刻的，大有雅俗之分。"我虽觉得高兴，但也自知，我何尝懂得篆法刀法呢！我那时刻印，还是一个门外汉，不敢在人前卖弄。朋友中间，王仲言、黎松安、黎薇荪等都喜欢刻印，拉我在一起，教我一些初步的方法，我参用了雕花的手艺，顺着笔画，一刀一刀地削去，简直是跟了他们，闹着玩儿。

　　沁园师的本家胡辅臣，介绍我到皋山黎桂坞家去画像。皋山黎家和长塘黎松安家是同族。黎桂坞的弟弟薇荪、铁安，都是会刻印章的，铁安尤其精深，我就向他请教："我总刻不好，有什么方法办呢？"铁安笑着说："南泉冲的楚石，有的是！你挑一担回家去，随刻随磨，你要刻满三四个点心盒，都成了石浆，那就刻得好了。"这虽是一句玩笑话，却也很有至理。我于是打定主意，发愤学刻印章，从多磨多刻这句话上着想，去下功夫了。

黎松安是我最早的印友，我常到他家去，跟他切磋，一去就在他家住上几天。我刻着印章，刻了再磨，磨了又刻，弄得我住的他家客室，四面八方，满都是泥浆。他还送给我丁龙泓、黄小松两家刻印的拓片，我很想学他们两人的刀法。只因拓片不多，还摸不到门径。

光绪二十三年（丁酉·一八九七），我三十五岁。二十四年（戊戌·一八九八），我三十六岁。我在三十五岁以前，足迹只限于杏子坞附近百里之内，连湘潭县城都没有去过。直到三十五岁那年，才由朋友介绍，到县城里去给人家画像。后来请我画像的人渐多，我就常常地进城去了。我在湘潭城内，认识了郭葆生（人漳），是个道台班子（有了道台资格还未补到实缺的人）的大少爷。又认识了一位桂阳州的名士夏寿田，号叫午诒，也是一位贵公子。这时松安家新造了一所书楼，名叫诵芬楼，罗山诗社的诗友们，就在那里集会。我们龙山诗社的人，也常去参加。

次年，我三十六岁，春君生了个女孩，小名叫作阿梅。黎筱荪的儿子戬斋，交给我丁龙泓、黄小松两家的印谱，说是他父亲从四川寄回来送给我的。前年，黎松安给过我丁黄刻印的拓片，我对于丁黄两家精密的刀法，就有了途轨可循了。

光褚二十五年（己亥·一八九九），我三十七岁。正月，张仲扬介绍我去拜见王湘绮先生，我拿了我作的诗文，写的字，画的画，刻的印章，请他评阅。湘公说："你画的画，刻的印章，又是一个寄禅黄先生哪！"湘公说的寄禅，是我们湘潭有名的一个和尚，俗家姓黄，原名读山，是宋朝黄山谷的后裔，出家后，法名敬安，寄禅是他的法号。他又自号为八指头陀。他也是少年寒苦，自己发愤成名，湘公把他来比我，真是抬举我了。

那时湘公的名声很大，一般趋势好名的人，都想列入门墙，递上一个门生帖子，就算作王门弟子，在人前卖弄卖弄，觉得很有光彩了。张仲扬屡次劝我拜湘公的门，我怕人家说我标榜，迟迟没有答应。湘公见我这人很奇怪，说高傲不像高傲，说趋附又不肯趋附，简直莫名其所以然。曾对吴劭之说："各人有各人的脾气，我门下有铜匠衡阳人曾招吉，铁匠我同县乌石寨人张仲扬，还有一个同县的木匠，也是非常好学的，却始终不肯做我的门生。"这话给张仲扬听到了，特来告诉我，并说："王老师这样地看重你，还不去拜门？人家求都求不到，你难道是招也招不来吗？"我本也感激湘公的一番厚意，不敢再固执，到了十月十八日，就同了仲扬，到湘公那里，正式拜门。但我终觉得自己学问太浅，老怕人家说我拜入王门，是想抬高身份，所以在人面前，不敢把湘绮师挂在嘴边。不过我心里头，对湘绮师是感佩得五体投地的。仲扬又对我说："湘绮师评你的文，倒还像个样子，诗却成了红楼梦里呆霸王薛蟠的一体了。"这句话真是说着我的毛病了。我作的诗，完全写我心头里要说的话，没有在字面上修饰过，自己看来，也有点呆霸王那样的味儿哪！

那时，黎铁安又介绍我到湘潭县城里，给茶陵州的著名绅士谭氏三兄弟刻他们的收藏印记，这三位都是谭锺麟的公子。谭锺麟做过闽浙总督和两广总督，是赫赫有名的一品大员。他们三弟兄，大的叫谭延，号组安；次的叫谭恩，号组庚；小的叫谭泽，号瓶斋。我一共给他们刻了十多方印章。自己看着，倒还过得去。却有一个丁拔贡，名叫可钧的，自称是个金石家，指斥我的刀法太烂，说了不少坏话。谭氏兄弟听了丁拔贡的话，就把我刻的字，统都磨掉，另请这位丁拔贡去刻了。我听到这个消息，心想：我和丁可钧，都是模仿丁龙泓、黄小松两家的，难道说，他刻的对，我就不对了么？究竟谁对谁不对，懂得此道的人自有公论，我又何必跟他计较，也就付之一笑而已。

光绪二十六年（庚子·一九〇〇），我三十八岁。湘潭县城内，住着一位江西盐商，是个大财主。他逛了一次衡山七十二峰，以为这是天下第一胜景，想请人画个《南岳全图》，作为他游山的纪念。朋友介绍我去应征，我很经意地画成六尺中堂十二幅。我为了凑合盐商的意思，着色特别浓重；十二幅画，光是石绿一色，足足地用了二斤，这真是一个笑柄。盐商看了，却是十分满意，送了我三百二十两银子。这三百二十两，在那时是一个了不起的数目，人家听了，吐吐舌头说："这还了得，画画真可以发财啦！"因为这一次画，我得了这样的高价，传遍了湘潭附近各县，从此我卖画的声名就大了起来，生意也就益发的多了。

我住的星斗塘老屋，房子本来很小，这几年，家里添了好多人口，显得更见狭窄了。我拿回了三百二十两银子，就想另外找一所住房，恰巧离白石铺不远的狮子口，在莲花砦下面，有所梅公祠，附近还有几十亩祠堂的祭田，正在招人典租，索价八百两银子，我很想把它承典过来，只是没有这些银子。我有一个朋友，是种田的，他愿意典祠堂的祭田，于是我出三百二十两，典住祠堂房屋，他出四百八十两，典种祠堂祭田。事情办妥，我就同了我妻陈春君，带着我们两个儿子，两个女儿，搬到梅公祠去住了。莲花塘离余霞岭，有二十来里地，一望都是梅花，我把住的梅花祠取名为百梅书屋。我作过一首诗，说：

最关情是旧移家，屋角寒风香径斜。

二十里中三尺雪，余霞双屐到莲花。

梅公祠边，梅花之外，还有很多木芙蓉，花开时好像铺着一大片锦绣，好看得很。梅公祠内，有一点空地，我添盖了一间书房，取名借山吟馆。房前屋后，种了几株芭蕉，到了夏天，绿荫铺阶，凉生几榻，尤其是秋风夜雨，潇潇簌簌，助人诗思。我有句云：

莲花山下窗前绿，犹有挑灯雨后思。

这一年我在借山吟馆里读书学诗，作的诗竟有几百首之多。

梅公祠离星斗塘，不过五里来地，并不太远。我和春君，常常回到星斗塘去看望祖母和我父亲母亲，他们也常到梅公祠来玩儿。从梅公祠到星斗塘，沿路水塘内，种的都是荷花，到花盛开之时，在塘边行走，一路香风，沁人心胸。我有两句诗说：

五里新荷田上路，百梅祠到杏花村。

我在梅公祠门前的水塘内，也种了不少荷花，夏末秋初，结的莲蓬很多，在塘边用稻草搭盖了一个棚子，嘱咐我两个儿子，轮流看守。那年，我大儿子良元，年十二岁，次儿良黼，年六岁。他们兄弟俩，平常日子，到山上去砍柴，砍柴挺卖力气，我见了心里很喜欢。有一天，中午刚过，我到门前塘边闲步，只见良黼躺在草棚之下，睡得正香。草棚是很小的，遮不了他整个身体，棚子顶上盖的稻草又极稀薄，他穿了一件破旧的短衣，汗出得像流水一样。我看看地上的草，都给太阳晒得枯了。心想，他小小年纪，在这毒烈的太阳底下，怎么能受得了呢？就叫他道："良黼，你睡着了吗？"他从睡梦中霍地坐了起来，怕我责备，擦了擦眼泪，对我看看，喘着气，咳了一声嗽。我看他怪可怜的，就叫他跟我进屋去，这孩子真是老实极了。

光绪二十七年（辛丑·一九〇一），我三十九岁。朋友问我："你的借山吟馆，取了借山两字，是什么意思？"我说："意思很明白，山不是我所有，我不过借来娱目而已！"我就画了一幅《借山吟馆图》，留作纪念。有人介绍我到湘潭县城里，给内阁中书李家画像。这位李中书，名叫镇藩，号翰屏，是个傲慢自大的人，向来是谁都看不起的，不料他一见我面，却谈得非常之好，而且还彬彬有礼。我倒有点奇怪了，以为这样一个有名的狂士，怎么能够跟我交上朋友了呢？经过打听，原来他有个内阁中书的同事，是湘绮师的内弟蔡枚功，名毓春，曾经对他说过："国有颜子而不知，深以为耻。"蔡公这样地抬举我，李翰屏也就对我另眼相看了。

那年十二月十九日，我遭逢了一件大不幸的事情，我祖母马孺人故去了。我小时候，她背了我下地做活，在穷苦无奈之时，她宁可自己饿着肚子，留了东西给我吃。想起了以前种种情景，心里头真是痛如刀割。

五出五归

(1902年—1926年)

光绪二十八年（壬寅·一九〇二年），我四十岁。四月初四日，春君又生了个男孩，这是我们的第三子，取名良琨，号子如。

我在四十岁以前，没有出过远门，来来往往，都在湘潭附近各地。而且到了一地，也不过稍稍勾留，少则十天半月，至多三五个月。得到一点润笔的钱，就拿回家去，奉养老亲，抚育妻子。我不希望发什么财，只图糊住了一家老小的嘴，余愿已足，并不作辽游之想。那年秋天，夏午诒由翰林改官陕西，从西安来信，叫我去教他的如夫人姚无双学画，知道我是靠作画刻印的润资度日的，就把束脩和旅费，都汇寄给我。郭葆生也在西安，怕我不肯去，寄了一封长信来，说：

无论作诗作文，或作画刻印，均须于游历中求进境。作画尤应多游历，实地观察，方能得其中之真谛。古人云，得江山之助，即此意也。作画但知临摹前人名作、或画册画谱之类，已落下乘，倘复仅凭耳食，随意点缀，则隔靴搔痒，更见其百无一是矣。只能常作远游，眼界既广阔，心境亦舒展，转以颖敏之天实，深邃之学力，其所造就，将无涯涘，较之株守家园，故步自封者，诚不可以道里计也。关中风号天险，山川雄奇，收之笔底，定多杰作。兄仰事俯蓄，固知惮于旅寄，然为画境进益起见，西安之行，殊不可少，尚望早日命驾，毋劳踌躇！

我经他们这样督促，就和父母商量好了，于十月初，别了春君，动身北上。

那时，水陆交通，很不方便，走得非常之慢，我却趁此机会，添了不少画料。每逢看到奇妙景物，我就画上一幅。到此境界，才明白前人的画谱，造意布局，和山的皴法，都不是没有根据的。我在中途，画了很多，最得意的有两幅；一幅是路过洞庭湖，画的是《洞庭看日图》；一幅是快到西安之时，画的是《灞桥风雪图》。我都列入借山吟馆图卷之内。

我到西安，已是十二月中旬了，见着午诒，又会到了葆生，张仲飏也在西安,还认识了长沙人徐崇立。在快要过年的时候,午诒介绍我去见陕西臬台樊樊山(增祥),他是当时的名士,又是南北闻名的大诗人。我刻了几方印章,带了去,想送给他。到了臬台衙门。因为没有递"门包",门上不给我通报,白跑了一趟。午诒跟樊山说了,才见着了面。樊山送了我五十两银子,作为刻印的润资,又替我订了一张刻印的润例,亲笔写好了交给我。

在西安的许多湖南同乡,看见臬台这样地看得起我,就认为是大好的进身之阶。张仲飏也对我说,机会不可错过,劝我直接去走臬台门路,不难弄到一个很好的差事。我以为一个人要是利欲熏心,见缝就钻,就算钻出了名堂,这个人的人品,也可想而知了。因此,仲飏劝我积极营谋,我反而劝他悬崖勒马。仲飏这样一个热衷功名的人,当然不会受我劝的,但是像我这样一个淡于名利的人,当然也不会听他话的。我和他,从此就有点小小隔阂,他的心里话,也就不跟我说了。

光绪二十九年(癸卯·一九〇三),我四十一岁。在西安住了三个来月,夏午诒要进京谋求差事,调省江西,邀我同行。樊樊山告诉我:他五月中也要进京,慈禧太后喜欢绘画,宫内有位云南籍的寡妇缪素筠,给太后代笔,吃的是六品俸,他可以在太后面前推荐我,也许能够弄个六七品的官衔。我笑着说:"我是没见过世面的人,叫我去当内廷供奉,怎么能行呢?我没有别的打算，只想卖卖画，刻刻印章，凭着这一双劳苦的手，积蓄得三二千两银子，带回家去，够我一生吃喝，也就心满意足了。"夏午诒说："京城里遍地是银子，有本领的人俯拾即是，三二千两银子，算得了什么！濒生当了内廷供奉，在外头照常可以卖画刻印，还怕不够你一生吃喝吗？"我听他们都是官场口吻，不便接口，只好相对无言了。

三月初，我随同午诒一家，动身进京，路过华阴县，登上了万岁楼，面对华山，看个尽兴。一路桃花，长达数十里，风景之美，真是生平所仅见。到晚晌，画了一幅《华山图》。华山山势陡立，看去真像刀削一样。渡了黄河，在弘晨涧地方，远看嵩山，另是一种奇景。我向旅店中借了一张小桌子，在涧边画了一幅《嵩山图》。在漳河岸边，看见水里有一块长方形的石头，好像是很光滑的，我想取了来，磨磨刻字刀，倒是十分相宜。拾起来仔细一看，却是块汉砖，铜雀台的遗物，无意间得到了稀见的珍品，真是喜出望外。可惜十多年后，在家乡的兵乱中，给土匪抢去了。

我进了京城，住在宣武门外北半截胡同夏午诒家。每天教无双学画以外，应了朋友的介绍，卖画刻印章。闲暇时候，常去逛琉璃厂，看看古玩字画。也到大栅栏一带去听听戏。认识了湘潭同乡张翊六，号贡吾；衡阳人曾熙，号农髯；江西人李瑞荃，号筠庵。其余还有不少的新知旧友，常在一起游宴。但是一般势利的官场中人，我是不愿和他们接近的。记得我初认识曾农髯时，误会他是个势利人，嘱咐午诒家的门房，待他来时，说我有病，不能会客。他来过几次，都没见着。一次他又来了，不待通报，直闯进来，连声说："我已经进来，你还能不见我吗？"我无法再躲，只得延见。农髯是个风雅的饱学之士，后来跟我交得很好，当初我错看了他，实在抱歉之极。三月三十日那天，午诒同杨度等发起，在陶然亭饯春，到了不少的诗人，我画了一幅《陶然亭饯春图》。杨度，号晳子，湘潭同乡，也是湘绮师的门生。

到了五月，听说樊山已从西安启程，我怕他来京以后，推荐我去当内廷供奉，少不得要添出许多麻烦。我向午诒说："离家半年多，想念得很，打算出京回家去了。"午诒留着我，我坚决要走。他说："既然留你不得，我也只好随你的便！我想，给你捐个县丞，指省江西，你到南昌去候补，好不好呢？县丞虽是微秩，究属是朝廷的命官，慢慢地磨上了资格，将来署个县缺，是并不难的。况且我是要到江西去的，替你打点打点，多少总有点照应。"我说："我哪里会做官，你的盛意，我只好心领而已。我如果真的到官场里去混，那我简直是受罪了！"午诒看我意志并无犹豫，知道我是决不会干的，也就不再勉强，把捐县丞的钱送了给我。我拿了这些钱，连同在西安、北京卖画刻印章的润资，一共有了二千多两银子，可算是不虚此行了。

我在北京临行之时，在李玉田笔铺，定制了画笔六十支，每支上面，挨次刻着号码，刻的字是："白石先生画笔第几号。"当时有人说，不该自称先生，这样的刻笔，未免狂妄。实则从前金冬心就自己称过先生，我模仿着他，有何不可呢？樊樊山在我出京后不久，也到了京城，听说我已走了，对夏午诒说："齐山人志行很高，性情却有点孤僻啊！"

我出京后，从天津坐海轮，过黑水洋，到上海，再坐江轮，转汉口，回到家乡，已是六月炎天了。我从四十岁起至四十七岁止，出过远门五次，是我生平可纪念的五出五归。这次远游西安北京，绕道天津上海回家，是我五出五归中的一出一归，也就是我出门远游的第一次。那时，同我合资典租梅公祠祭田的那位朋友，想要退田，我提出四百八十两给了他，以后梅公祠的房子和祭田，统都归我承典了。我回乡以后，仍和旧日师友常相晤叙，作画吟诗刻印章，是每天的日课。

胡沁园师见了我画的《华山图》，很为赏识，赞不绝口，拿来一把团扇，叫我缩写在他的扇面上，我就很经意地给他画了。沁园师很高兴，笑着对我说："读万卷书，行万里路，都是人生快意之事。第二句你做到了，慢慢地再做到第一句，那就更好了。"沁园师总是很诚恳地这样期许我。

光绪三十年（甲辰·一九〇四），我四十二岁。春间，王湘

078
齐白石自述

《华山图》
1903年作,26cm×24cm,现辽宁博物馆藏。题款"看山须上最高楼,胜地曾经且莫愁。碑后火残存五岳,树名人知过青牛。日晴合掌输山色,云近黄河学水流。归卧南衡对图画,刊文远笑梦中游。沁公夫子大人教。门下齐璜"。

绮师约我和张仲飏同游南昌。过九江，游了庐山。到了南昌，住在湘绮师的寓中，我们常去游滕王阁、百花洲等名胜。铜匠出身的曾招吉，那时在南昌制造空运大气球，听说他试验了几次，都掉到水里去了，人都作为笑谈，他仍是专心致志地研究。他也是湘绮师的门生，和铁匠出身的张仲飏，木匠出身的我，同称"王门三匠"。南昌是江西省城，大官儿不算很少，钦慕湘绮师的盛名，时常来登门拜访。仲飏和招吉，周旋其间，倒也认识了很多阔人。我却怕和他们打着交道，看见他们来了，就躲在一边，避不见面，并不出去招呼，所以他们认识我的很少。

七夕那天，湘绮师在寓所，招集我们一起饮酒，并赐食石榴。席间，湘绮师说："南昌自从曾文正公去后，文风停顿了好久，今天是七夕良辰，不可无诗，我们来联句吧！"他就自己唱了两句："地灵胜江汇，星聚及秋期。"我们三个人听了，都没有联上，大家互相看看，觉得很不体面。好在湘绮师是知道我们底细的，看我们谁都联不上，也就罢了。我在夏间，曾把我所刻的印章拓本，呈给湘绮师评阅，并请他作篇序文。就在那天晚上，湘绮师把作成的序文给了我。到了八月十五中秋节，我才回到了家乡。这是我五出五归中的二出二归。想起七夕在南昌联句之事，觉得作诗这一门，倘不多读点书，打好根基，实在不是容易的事。虽说我也会哼几句平平仄仄，怎么能够自称为诗人了呢？因此，就把借山吟馆的"吟"字删去，只名为借山馆了。

光绪三十一年(乙巳·一九〇五)，我四十三岁。在黎薇荪家里，见到赵之谦的《二金蝶堂印谱》，借了来，用朱笔钩出，倒和原本一点没有走样。从此，我刻印章，就模仿赵㧑叔的一体了。我作画，本是画工笔的，到了西安以后，渐渐改用大写意笔法。以前我写字，是学何子贞的，在北京遇到了李筠庵，跟他学写魏碑，他叫我临爨龙颜碑，我一直写到现在。人家说我出了两次远门，作画写字刻印章，都变了样啦，这确是我改变作风的一个大枢纽。七月中旬，汪颂年约我游桂林。颂年名诒书，长沙人，翰林出身，时任广西提学使。广西的山水，是天下著名的，我就欣然而往。进了广西境内，果然奇峰峻岭，目不暇接。画山水，到了广西，才算开了眼界啦！只是桂林的气候，倏忽多变，炎凉冷暖，捉摸不定，出去游览，必须把棉夹单三类衣服，带个齐全，才能应付天气的变化。我做过一首诗：

广西时候不相侔，自打衣包作小游。

一日扁舟过阳朔，南风轻葛北风裘。

并不是过甚其词。

我在桂林，卖画刻印为生，樊樊山在西安给我定的刻印润格，我借重他的大名，把润格挂了出去，生意居然很好。那时，宝庆人蔡锷，新从日本回国，在桂林创办巡警学堂。看我赋闲无事，托人来说:"巡警学堂的学生,每逢星期日放假常到外边去闹事,想请我在星期日那天,去教学生们作画,每月送我薪资三十两银子。"我说:"学生在外边会闹事,在里头也会闹事,万一闹出轰教员的事,把我轰了出来,颜面何存,这是不去的好。"三十两银子请个教员,在那时是很丰厚的薪资,何况一个月只教四天的课,这是再优惠没有的了。我坚辞不就,人都以为我是个怪人。松坡又有意自己跟我学画,我也婉辞谢绝。

有一天在朋友那里,遇到一位和尚,自称姓张,名中正,人都称他为张和尚。我看他行动不甚正常,说话也多可疑,问他从哪里来,往何处去,他都闪烁其词,没曾说出一个准地方,只是吞吞吐吐地"唔"了几声,我也不便多问了。他还托我画过四条屏,送了我二十块银元。我打算回家的时候,他知道了,特地跑来对我说:"你哪天走?我预备骑着马,送你出城去!"这位和尚待友,倒是很殷勤的。到了民国初年,报纸上常有黄克强的名字,是人人知道的。朋友问我:"你认识黄克强先生吗?"我说:"不认识。"又问我:"你总见过他?"我说:"素昧平生。"朋友笑着说:"你在桂林遇到的张和尚,既不姓张,又不是和尚,就是黄先生。"我才恍然大悟,但是我和黄先生始终没曾再见过。

光绪三十二年(丙午·一九〇六),我四十四岁。在桂林过了年,打算要回家,画了一幅《独秀山图》。正想动身的时候,忽接我父亲来信，说是四弟纯培，和我的长子良元，从军到了广东，家里很不放心，叫我赶快去追寻。我就取道梧州，到了广州，住在祇园寺庙内。探得他们跟了郭葆生，到钦州去了。原来现任两广总督袁海观，也是湘潭人，跟葆生是亲戚。葆生是个候补道，指省广东不久，就放了钦廉兵备道。道台是驻在钦州的。纯培和良元，是葆生叫去的，他们怕家里不放远行，瞒了人，偷偷地到了广东。我打听到确讯，赶到了钦州。葆生笑着说："我叫他们叔侄来到这里，连你这位齐山人也请到了！"我说："我是找他们来的，既已见到，家里也就放心了。"

葆生本也会画几笔花鸟，留我住了几个月，叫他的如夫人跟我学画。他是一个好名的人，自己的画虽不太好，却很喜欢挥毫，官场中本没有真正的是非，求他画的人倒也不少。我到了以后，应酬画件，葆生就叫我代为捉刀，送了我一笔润资。他收罗的许多名画，像八大山人、徐青藤、金冬心等真迹，都给我临摹了一遍，我也得益不浅。到了秋天，我跟葆生订了后约，独自回家乡。这是我五出五归中的三出三归。

我回家后不久，周之美师傅于九月二十一日死了。我听得这个消息，心里难受得很。回想当初跟我师傅学艺的时候，师傅视我如子，把他雕花的绝技，全套教给了我。出师后，我虽常去看他，只因连年在外奔波，相见的日子，并不甚多。不料此次远游归来，竟成长别。师傅又没有后嗣,身后凄凉,令人酸鼻。我到他家去哭奠了一场,又做了一篇《大匠墓志》去追悼他。凭我这一点微薄的意思,怎能报答我师傅当初待我的恩情呢?

那时,我因梅公祠的房屋和祠堂的祭田典期届满,另在余霞峰山脚下,茶恩寺茹家冲地方,买了一所破旧房屋和二十亩水田。茹家冲在白石铺的南面,相隔二十来里。西北到晓霞山,也不过三十来里。东西是枫树坳,坳上有大枫树百十来棵,都是几百年前遗留下来的。西北是老坝,又名老溪,是条小河,岸的两边,古松很多。我们房屋的前面和旁边,各有一口水井,井边种了不少的竹子,房前的井,名叫墨井。这一带在四山围拘之中,风景很是优美。

我把破旧的房屋,翻盖一新,取名为寄萍堂,堂内造一书室,取名为八砚楼,名虽为楼,并非楼房,我远游时得来的八块砚石,置在室中,所以题了此名。这座房子,是我画了图样盖的,前后窗户,安上了从上海带回来的细铁丝纱,我把它称作"碧纱橱"。布置妥当,于十一月同春君带着儿女们,从梅公祠旧居,搬到了茹家冲新宅。我以前住的,只能说是借山,此刻置地盖房,才可算是买山了。十二月初七日,大儿媳生了个男孩,这是我的长孙,取名秉灵,号叫近衡。因他生在搬进新宅不到一月,故又取号移孙。邻居们看我新修了住宅,又添了一个孙子,都来祝贺说:"人兴财旺"!我的心境,确比前几年舒展得多了。

《芭蕉书屋图》

约1925年作，133.5cm×66cm，现首都博物馆藏。题款"三丈芭蕉一万珠，人间此景却非无。立身误堕皮毛类，恨不移家老读书。大涤子呈石头画题云。书画名传品类高，先生高出众皮毛。老夫也在皮毛类，一笑题成迅彩毫。白石山翁画并题记"。齐白石画芭蕉时，大多是白描手法，其中作于1907年的《绿天过客图》大约是他画的最早的一幅芭蕉图。

光绪三十三年（丁未·一九〇七），我四十五岁。上年在钦州，与郭葆生话别，订约今年再去。过了年，我就动身了。坐轿到广西梧州，再坐轮船，转海道而往。到了钦州，葆生仍旧叫我教他如夫人学画，兼给葆生代笔。住不多久，随同葆生到了肇庆。游鼎湖山，观飞泉潭。又往高要县，游端溪，谒包公祠。钦州辖界，跟越南接壤，那年边疆不靖，兵备道是要派兵去巡逻的。我趁此机会，随军到达东兴。这东兴在北仑河北岸，对面是越南的芒街，过了铁桥，到了北仑河南岸，游览越南山水。野蕉数百株，映得满天都成碧色。我画了一张《绿天过客图》，收入借山图卷之内。

回到钦州，正值荔枝上市，沿路我看了田里的荔枝树，结着累累的荔枝，倒也非常好看，从此我把荔枝也入了我的画了。曾有人拿了许多荔枝来，换了我的画去，这倒可算是一桩风雅的事。还有一位歌女，我捧过她的场，她常常剥了荔枝肉给我吃。我作了一首纪事诗：

客里钦州旧梦痴，南门河上雨丝丝。

此生再过应无分，纤手教侬剥荔枝。

钦州城外，有所天涯亭，我每次登亭游眺，总不免有点游子之思。记得上年二月间，初到此地，曾作一首诗：

看山曾作天涯客，记得归家二月期。

游遍鼎湖山下路，木棉十里子规啼。

当初本想略住几天，就回家去，为葆生留下，直到秋天，才回家乡，今年春天到此，转瞬之间，又到了冬月，我就向葆生告辞，动身回乡，到家已是腊鼓频催的时节了。这是五出五归中的四出四归。

光绪三十四年（戊申·一九〇八），我四十六岁。罗醒吾在广东提学使衙门任事，叫我到广州去玩玩。我于二月间到了广州，本想小住几天，转道往钦州，醒吾劝我多留些时，我就在广州住下，仍以卖画刻印为生。那时广州人看画，喜的是"四王"一派，我的画法，他们不很了解，求我画的人很少。惟独刻印，他们却非常夸奖我的刀法，我的润格挂了出去，求我刻印的人，每天总有十来起。因此卖艺生涯，亦不落寞。醒吾参加了孙中山先生领导的同盟会，在广州做秘密革命工作。他跟我同是龙山诗社七子之一，平日处得很好，彼此无话不谈。此番在广州见面，他悄悄地把革命党的内容和他工作的状况，详细无遗地告诉了我，并要我帮他做点事，替他们传递文件。我想，这倒不是难办的事，只须机警地不露破绽，不会发生什么问题，当下也就答允了。从此，革命党的秘密文件，需要传递，醒吾都交我去办理。我是假借卖画的名义，把文件夹杂在画件之内，传递得十分稳妥。好在这样的传递，每月并没有多少次，所以始终没露痕迹。秋间，我父亲来信叫我回去，我在家住了没有多久，父亲叫我往钦州接我四弟和我长子回家，又动身到了广东。

宣统元年（己酉·一九〇九），我四十七岁，在广州过了年，正月到钦州，葆生留我住过了夏天，我才带着我四弟和我长子，经广州往香港。到了香港，换乘海轮，直达上海。住了几天，正值中秋佳节，就携同纯培和良元，坐火车往苏州，乘夜去游虎丘。第二天，我们到了南京。我想去见李梅庵，他往上海去了，没有见着。梅庵名瑞清，是筠庵的哥哥，是当时的一位有名书法家。我刻了几方印章，留在他家。在南京，忽忽逛了几处名胜，就坐江轮西行。路过江西小姑山，在轮中画了一幅《小姑山图》，收入我的借山图卷之内。九月，回到了家。这是我五出五归末一次回来。

宣统二年（庚戌·一九一〇），我四十八岁。沁园师早先曾说过："行万里路，读万卷书。"我这几年，路虽走了不少，书却读得不多。回家以后，自觉书底子太差，天天读些古文诗词，想从根基方面，用点苦功。有时和旧日诗友，分韵斗诗，刻烛联吟，往往一字未妥，删改再三，不肯苟且。还把游历得来的山水画稿，重画了一遍，编成借山图卷，一共画了五十二幅。其中三十幅，为友人借去未还，现在只存了二十二幅。余暇的时候，在山坳屋角之间和房外菜圃的四边，种了各种果树，又在附近池塘之内，养了些鱼虾。当我植树莳花、挑菜掘笋和养鱼之时，儿孙辈都随我一起操作，倒也心旷神怡。朋友胡廉石把他自己住在石门附近的景色，请王仲言拟了二十四个题目，叫我画《石门二十四景图》。我精心构思，

《老树归鸦》（石门二十四景）

1910年作，34cm×45cm，现辽宁博物馆藏。题款"古树归鸦图。八哥解语偏饶舌，鹦鹉能言有是非，省却人间烦恼事，斜阳古树看鸦归"。

《甘吉藏书》（石门二十四景）

1910年作，34cm×45cm，现辽宁博物馆藏。题款"甘吉藏书图。亲题卷目未模糊，甘吉楼中与蠹居。此日开函挥泪读，几人不负父遗书。石门山人以石门一带近景拟目二十有四，属余画为图册。此十余年前事也，并索题句，迁延未应，盖余自壬寅后不敢言诗。不意黎鲸公先我为之。今冬石门复携此册过我。见之不禁技痒。遂补题并记。乙卯十月，齐璜"。"甘吉"是指胡廉石的藏书楼。

换了几次稿,费了三个多月的时间,才把它画成。廉石和仲立,都说我远游归来,画的境界,比以前扩展得多了。

黎薇荪自从四川辞官归来,在岳麓山下,新造了一所别墅,取名听叶庵,叫我去玩。我到了长沙,住在通泰街胡石庵的家里。王仲言在石庵家坐馆,沁园师的长公子仙甫,也在省城。薇荪那时是湖南高等学堂的监督,高等学堂是湖南全省最高的学府,在岳麓书院的旧址,张仲飏在里头当教务长,都是熟人。我同薇荪、仲飏和胡石庵、王仲言、胡仙甫等,游山吟诗,有时又刻印作画,非常欢畅。我刻印的刀法,有了变化,把汉印的格局,融会到赵㧑叔一体之内,薇荪说我古朴耐人寻味。茶陵州的谭氏兄弟,十年前听了丁拔贡的话,把我刻的印章磨平了。现在他们懂得些刻印的门径,知道丁拔贡的话并不可靠,因此,把从前要刻的收藏印记,又请我去补刻了。同时,湘绮师也叫我刻了几方印章。省城里的人,顿时哄传起来,求我刻印的人,接连不断,我曾经有过一句诗:"姓名人识鬓成丝"。人情世态,就是这样的势利啊!

宣统三年(辛亥·一九一一),我四十九岁。春二月,听说湘绮师来到长沙,我进省城去拜访他,并面恳给我祖母做墓志铭。这篇铭文,后来由我自己动手刻石。谭组安约我到荷花池上,给他们先人画像。他的四弟组庚,于前年八月故去,也叫我画了一幅遗像。我用细笔在纱衣里面,画出袍褂的团龙花纹,并在地毯右角，画上一方"湘潭齐璜濒生画像记"小印，这是我近年来给人画像的记识。

清明后二日，湘绮师借瞿子玖家里的超览楼，招集友人饮燕，看樱花海棠。写信给我说："借瞿协揆楼，约文人二三同集，请翩然一到！"我接信后就去了。到的人，除了瞿氏父子，尚有嘉兴人金甸臣，茶陵人谭祖同（泽闿）等。瞿子玖名鸿禨，当过协办大学士、军机大臣。他的小儿子宣颖，号兑之，也是湘绮师的门生，那时还不到二十岁。瞿子玖作了一首樱花歌七古，湘绮师作了四首七律，金、谭也都作了诗。我不便推辞，只好献丑，过了好多日子，才补作了一首看海棠的七言绝句，诗道：

往事平泉梦一场，师恩深处最难忘。

三公楼上文人酒，带醉扶栏看海棠。

当日湘绮师在席间对我说："濒生这几年，足迹半天下，好久没有给同乡人作画了，今天的集会，可以画一幅《超览楼禊集图》啦！"我说："老师的吩咐，一定遵办！"可是我口头虽答允了，因为不久就回了家，这图却没有画成。

民国元年（壬子·一九一二），我五十岁。二年（癸丑·一九一三），我五十一岁。我自五出五归以后，希望终老家乡，不再作远游之想。住的茹家冲新宅，经我连年布置，略有可观。我奔波了半辈子，总算有了一个比较安逸的容身之所了。在我五十一岁那年的九月，我把一点微薄的积蓄，分给三个儿子，让他们自谋生活。那时，长子良元年二十五岁，次子良黼年二十岁，三子良琨年十二岁。良琨年纪尚小，由春君留在身边，跟随我们夫妇度日。长次两子，虽仍住在一起，但各自分炊，独立门户。良元在外面做工，收入比较多些，糊口并不为难。良黼只靠打猎为生，天天愁穷。十月初一日得了病，初三日曳了一双破鞋，手里拿着火笼，还跛到我这边来，坐在柴灶前面，烤着松柴小火，向他母亲诉说窘况。当时我和春君，以为他是在父母面前撒娇，并不在意。不料才隔五天，到初八日死了，这真是意外的不幸。春君哭之甚恸，我也深悔不该急于分炊，致他忧愁而死。

民国三年（甲寅·一九一四），我五十二岁。雨水节前四天，我在寄萍堂旁边，亲手种了三十多株梨树。苏东坡致程全父的信说："太大则难活，小则老人不能待。"我读了这篇文章，心想：我已五十二岁的人了，种这梨树，也怕等不到吃果子，人已没了。但我后来，还幸见它结实，每只重达一斤，而且味甜如蜜，总算及吾之生，吃到自种的梨了。

夏四月，我的六弟纯楚死了，享年二十七岁。纯楚一向在外边做工，当戊申年他二十一岁时，我曾戏为了他画一幅小像。前年冬，他因病回家，病了一年多而死。父亲母亲，老年丧子，非常伤心，我也十分难过，做了两首诗悼他。

纯楚死后没几天，正是端阳节，我派人送信到韶塘给胡沁园师，送信人忽忽回报说：他老人家故去已七天了。我听了，心里头顿时像小刀子乱扎似的，说不出有多大痛苦。他老人家不但是我的恩师，也可以说是我生平第一知己，我今日略有成就，饮水思源，都是出自他老人家的栽培。一别千古，我怎能抑制得住满腔的悲思呢？我参酌旧稿，画了二十多幅画，都是他老人家生前赏识过的，我亲自动手裱好，装在亲自糊扎的纸箱内，在他灵前焚化。同时又作了七言绝诗十四首，又作了一篇祭文，一副挽联，联道：

衣砵信真传，三绝不愁知己少；

功名应无分，一生长笑折腰卑。

这副联语虽说挽的是沁园师，实在是我的自况。

民国四年（乙卯·一九一五），我五十三岁。五年（丙辰·一九一六），我五十四岁。乙卯冬天，胡廉石把我前几年给他画的《石门二十四景图》送来，叫我题诗。我看黎薇荪已有诗题在前面，也技痒起来，每景补题了一诗。正在那时，忽得消息，湘绮师故去了，享年八十五岁。这又是一个意外的刺激！我专程去哭奠了一场。回忆往日师门的恩遇，我至今铭感不忘。

那年，还有一桩扫兴的事，谈起来也是很可气的。我作诗，向来不求藻饰，自主灵性，尤其反对模仿他人，学这学那，搔首弄姿。但这十年来，喜读宋人的诗，爱他们轻朗闲淡，和我的性情相近，有时偶用他们的格调，随便哼上几句。只因不是去模仿，就没有去作全首的诗，所作的不过是断字残联。日子多了，积得有三百多句，不意在秋天，被人偷了去。我有诗道：

料汝他年夸好句，老夫已死是非无。

做诗原是雅事，到了偷袭掠美的地步，也就未免雅得太俗了。

定居北京

（1917 年—1936 年）

民国六年（丁巳·一九一七），我五十五岁。我自五出五归之后，始终没有离开湖南省境。我本不打算再作远游。不料连年兵乱，常有军队过境，南北交哄，互相混战，附近土匪，乘机峰起。官逼捐税，匪逼钱谷，稍有违拒，巨祸立至。没有一天，不是提心吊胆地苟全性命。那年春夏间，又发生了兵事，家乡谣言四起，有碗饭吃的人纷纷别谋避地之所。我正在进退两难、一筹莫展的时候，接到樊樊山来信，劝我到京居住，卖画足可自给。我迫不得已，辞别了父母妻子，携着简单行李，独自动身北上。

阴历五月十二日到京,这是我第二次来到北京,住前门外西河沿排子胡同阜丰米局后院郭葆生家。住了不到十天,恰逢复辟之变,一夕数惊。葆生于五月二十日,带着眷属,到天津租界去避难,我也随着去了。到六月底,又随同葆生一家,返回北京,住在郭葆生家。后来又搬到西砖胡同法源寺庙内,和杨潜庵同住。

我在琉璃厂南纸铺,挂了卖画刻印的润格,陈师曾看见我刻的印章,特到法源寺来访我,晤谈之下,即成莫逆。师曾能画大写意花卉,笔致矫健,气魄雄伟,在京里很负盛名。我在行箧中,取出借山图卷,请他鉴定。他说我的画格是高的,但还有不到精湛的地方。题了一首诗给我:

曩于刻印知齐君,今复见画如篆文。
束纸丛蚕写行脚,脚底山川生乱云。
齐君印工而画拙,皆有妙处难区分。
但恐世人不识画,能似不能非所闻。
正如论书喜姿媚,无怪退之讥右军。
画吾自画自合古,何必低首求同群?

他是劝我自创风格,不必求媚世俗,这话正合我意。我常到他家去,他的书室取名"槐堂",我在他那里,和他谈画论世,我们所见相同,交谊就愈来愈深。

樊樊山是看得起我的诗的,我把诗稿请他评阅,他作了一篇

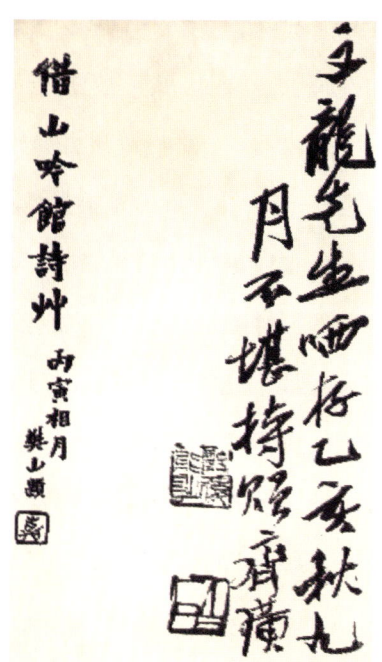

樊樊山题签《借山吟馆诗草》，1926年作。

序文给我，并劝我把诗稿付印。隔了十年，我才印出了《借山吟馆诗草》，樊樊山这篇序文就印在卷首。

我这次到京，除了易实甫、陈师曾二人以外，又认识了江苏泰州凌植支（文渊）、广东顺德罗瘿公（惇㬢）、敷庵（惇曧）兄弟，江苏丹徒汪蔼士（吉麟）、江西丰城王梦白（云）、四川三台萧龙友（方骏）、浙江绍兴陈半丁（年）、贵州息烽姚茫父（华）等人。凌、汪、王、陈、姚都是画家，罗氏兄弟是诗人兼书法家，萧为名医，也是诗人。尊公（即张次溪的父亲，下同）沧海先生，跟我同是受业于湘绮师的，神交已久，在易实甫家晤见，真是如逢故人，欢若平生（次溪按：先君篁溪公，讳伯桢，尝刊《沧海丛书》，别署沧海。）还认识了两位和尚，一是法源寺的道阶，一是阜成门外衍法寺的瑞光，后来拜我为师。旧友在京的，有郭葆生、夏午诒、樊樊山、杨潜庵、张仲飏等。新知旧雨，常在一起聚谈，客中并不寂寞。

不过新交之中，有一个自命科榜的名士，能诗能画，以为我是木匠出身，好像生来就比他低下一等，常在朋友家遇到，表面虽也虚与我周旋，眉目之间，终不免流露出倨傲的样子。他不仅看不起我的出身，尤其看不起我的作品，背地里骂我画得粗野，诗也不通，简直是一无可取，一钱不值。他还常说："画要有书卷气，肚子里没有一点书底子，画出来的东西，俗气熏人，怎么能登大雅之堂呢！讲到诗的一道，又岂是易事，有人说，自鸣天籁，这天籁两字，是不读书人装门面的话，试问自古至今，究竟谁是天籁的诗家呢？"我明知他的话是针对着我说的。文人相轻，是古今通例，这位自称有书卷气的人，画得本极平常，只靠他的科名，卖弄身份。我认识的科甲中人，也很不少，像他这样的人，并不觉得物稀为贵。况且画好不好，诗通不通，谁比谁高明，百年后世，自有公评，何必争此一日长短，显得气度不广。当时我作的《题棕树》，有两句说：

任君无厌千回剥，转觉临风偏体轻。

我对于此公，总是逆来顺受，丝毫不与他计较，毁誉听之而已。到了九月底，听说家乡乱事稍定，我遂出京南下。十月初十日到家，家里人避兵在外，尚未回来，茹家冲宅内，已被抢劫一空。

民国七年（戊午·一九一八），我五十六岁。家乡兵乱，比上年更加严重得多，土匪明目张胆，横行无忌，抢劫绑架，吓诈钱财，几乎天天耳有所闻。稍有余资的人，没有一个不是栗栗危惧。我本不是富裕人家，只因这几年来，生活比较好些，一家人糊得上嘴，吃得饱肚子，附近的坏人歹徒，看着不免眼红，遂有人散布谣言，说是："芝木匠发了财啦！去绑他的票！"一般心存忌嫉、幸灾乐祸的人，也跟着起哄，说："芝木匠这几年，确有被绑票的资格啦！"我听了这些威吓的话，家里怎敢再住下去呢？趁着邻居不注意的时候，悄悄带着家人，匿居在紫荆山下的亲戚家里。那边地势偏僻，只有几间矮小的茅屋，倒是个避乱的好地方。我住下以后，隐姓埋名，时刻提防，唯恐给人知道了，发生麻烦。那时的苦况，真是一言难尽。到此地步，才知道家乡虽好，不是安居之所。打算从明年起，往北京定居，到老死也不再回家乡来住了。

民国八年（己未·一九一九），我五十七岁。三月初，我第三次来到北京。那时，我趁军队打着清乡旗号，土匪暂时敛迹的机会离开了家乡。离家之时，我父亲年已八十一岁，母亲七十五岁。两位老人知道我这一次出门，不同以前的几次远游。定居北京，以后回来，把家乡反倒变为作客了。因此再三叮嘱，希望时局安定些，常常回家看看。春君舍不得扔掉家乡一点薄产，情愿带着儿女株守家园，说：她是个女人，留在乡间，见机行事，谅无妨害，等我在京谋生，站稳脚跟，她就往来湘京，也能时时见面。并说：我只身在外，一定感觉不很方便，劝我置一副室，免得客中无人照料。春君处处为我设想，体贴入微，我真有说不尽的感激。当时正值春雨连绵，借山馆前的梨花，开得正盛，我的一腔别离之情，好像雨中梨花，也在替人落泪。我留恋着家乡，而又不得不避祸远离，心里头真是难受得很哪！

到了北京，仍住法源寺庙内，卖画刻印，生涯并不太好，那时物价低廉，勉强还可以维持生计。每到夜晚，想起父母妻子，亲戚朋友，远隔千里，不能聚首一处，辗侧枕上，往往通宵睡不着觉，忧愤之余，只有作些小诗，解解心头的闷气。

到了中秋节边，春君来信说，她为了我在京成家之事，即将来京布置，嘱我预备住宅。我托人在龙泉寺隔壁，租到几间房，搬了进去。不久，春君来京，给我聘到副室胡宝珠，她是光绪二十八年壬寅八月十五中秋节生的，小名叫作桂子，时年十八岁。原籍四川酆都县转斗桥胡家。冬间，听说湖南又有战事，春君急欲回去，我遂陪她同行。起程之时，我做了一首，中有句云：

愁似草生删又长，盗如山密划难平。

那时，我们家乡，兵匪不分，群盗如毛，我的诗，虽是志感，也是纪实。

民国九年（庚申·一九二〇），我五十八岁。春二月，我带着三子良琨，长孙秉灵，来京就学。到北京后，因龙泉寺僻处城南，交通很不方便，又搬到宣武门内石镫庵去住。我从法源寺搬到龙泉寺，又从龙泉寺搬到石镫庵，连搬三处，都是住的庙产，可谓与佛有缘了。搬去不久，直皖战事突起，北京城内，人心惶惶，郭葆生在帅府园六号租到几间房子，邀我同去避难，我带着良琨、秉灵，一同去住。帅府园离东交民巷不远，东交民巷有各国公使馆，附近一带，号称保卫界。战事没有几天就停了，我搬回西城。只因石镫庵的老和尚，养着许多鸡犬，鸡犬之声，不绝于耳，我早想另迁他处。恰好宝珠托人找到了新址，就搬到象坊桥观音寺内。不料观音寺的佛事很忙，佛号钟声，比石镫庵更加杂得多。住了不到一个月，又迁到西四牌楼南三道栅栏六号，才住得安定些。

我那时的画，学的是八大山人冷逸的一路，不为北京人所爱，除了陈师曾以外，懂得我画的人，简直是绝无仅有。我的润格，一个扇面，定价银币两元，比同时一般画家的价码便宜一半，尚且很少人来问津，生涯落寞得很。师曾劝我自出新意，变通画法，我听了他的话，自创红花墨叶的一派。我画梅花，本是取法宋朝杨补之（无咎）。同乡尹和伯（金阳）在湖南画梅是最有名的，他就是学的杨补之，我也参酌他的笔意。师曾说：工笔画梅，费力不好看。我又听了他的话，改变画法。同乡易蔚儒（宗夔），是众议院的议员，请我画了一把圆扇，给林琴南看了，大为赞赏，说："南吴北齐，可以媲美。"他把吴昌硕跟我相比，我们的笔路倒是有些相同的。经易蔚儒介绍，我和林琴南交成了朋友。同时我又认识了徐悲鸿、贺履之、朱悟园等人。我的同乡老友黎松安，因他儿子劭西在教育部任职，也来到北京，和我时常见面。

我跟梅兰芳认识，就在那一年的下半年。记得在九月初的一天，齐如山来约我同去的。兰芳兴情温和，礼貌周到，可以说是恂恂儒雅。那时他住在前门外北芦草园，他书斋名"缀玉轩"，

辑一 自述

《菊花白头翁》
扇面，约1910年—1917年作，21cm×48cm，现湖南省博物馆藏。
题款"碧公世大人正。侄璜"。

《墨梅》
约1910年—1917年作，130.9cm×44cm，现中国美术馆收藏。题款"树棠先生正。弟齐璜"。

布置得很讲究。他家里种了不少的花木，光是牵牛花就有百来种样式，有的开着碗般大的花朵，真是见所未见，从此我也画上了此花。当天兰芳叫我画草虫给他看，亲自给我磨墨理纸，画完了，他唱了一段《贵妃醉酒》，非常动听。同时在座的，还有两人：一是教他画梅花的汪霭士，跟我也是熟人。一是福建李释堪（宣倜），是教他作诗词的，释堪从此也成了我的好朋友。

有一次，我们到一个大官家里去应酬，满座都是阔人。他们看我们衣服穿得平常，又无熟友周旋，谁都不来理睬。我窘了半天，自悔不该贸然而来，讨此没趣。想不到兰芳来了，对我很恭敬地寒暄了一阵，座客大为惊讶，才有人来和我敷衍，我的面子，总算圆了回来。事后，我很经意地画了一幅《雪中送炭图》，送给兰芳，题了一诗，有句说：

而今沦落长安市，幸有梅郎识姓名。

势利场中的炎凉世态，是既可笑又可恨的。

民国十年（辛酉·一九二一），我五十九岁。夏午贻在保定，来信邀我去过端阳节，同游莲花池，是清末莲花书院旧址，内有朱藤，十分茂盛。我对花写照，画了一张长幅，住了三天回京。秋返湘潭，重阳到家，父母双亲都康健，心颇安慰。九月十五日得良琨从北京发来电报，说秉灵病重，我同春君立刻动身北行。回到北京，秉灵的病好了。腊月二十日，宝珠生了个男孩，取名

齐白石在夫人胡宝珠与儿子齐良迟的合影照片上题字。

良迟,号子长,这是宝珠的头一胎,我的第四儿子。那年宝珠才二十岁,春君因她年纪尚轻,生了孩子,怕她不善抚育,就接了过来,亲自照料。夜间专心护理,不辞辛劳,孩子饿了,抱到宝珠身边喂乳,喂饱了又领去同睡。冬令夜长,一宵之间,冒着寒威,起身好多次。这样的费尽心力,爱如己出,真是世间少有,不但宝珠知恩,我也感激不尽。

民国十一年(壬戌·一九二二),我六十岁,春,陈师曾来谈:日本有两位著名画家,荒木十亩和渡边晨亩,来信邀他带着作品,参加东京府应工艺馆的中日联合会画展览会,他叫我预备几幅画,交他带到日本去展览。我在北京,卖画生涯,本不甚好,有此机会,当然乐于遵从,就画了几幅花卉山水,交他带去。

师曾行后,我送春君回到家乡,住了几天,我到长沙,已是四月初夏之时了。初八那天,在同族逊园家里,见到我的次女阿梅,可怜四年不见,她憔悴得不成样子。她自嫁到宾氏,同夫婿不很和睦,逃避打骂,时常住在娘家,有时住在娘家的同族或亲戚处。听说她的夫婿,竟发了疯,拿着刀想杀害她,幸而跑得快,躲在邻居家,才保住性命。她屡次望我回到家乡来住,我始终没有答允她。此番相见,说不出有许多愁闷,我作了两首诗,有句说:

赤绳勿太坚,休误此华年!

我是婉劝她另谋出路,除此别无他法。

那时张仲飔已先在省城,尚有旧友胡石庵、黎戬斋等人,阳晢子的胞弟重子,名钧,能写隶书,也在一起。我给他们作画刻印,盘桓了十来天,就回到北京。

陈师曾从日本回来,带去的画,统都卖了出去,而且卖价特别丰厚。我的画,每幅就卖了一百元银币,山水画更贵,二尺长的纸,卖到二百五十元银币。这样的善价,在国内是想也不敢想的,还说法国人在东京,选了师曾和我两人的画,加入巴黎艺术展览会。日本人又想把我们两个人的作品和生活状况,拍摄电影,在东京艺术院放映。这都是意想不到的事。经过日本展览以后,外国人来北京买我画的人很多。琉璃厂的古董鬼,就纷纷求我的画,预备去做投机生意。一般附庸风雅的人,也都来请我画了。从此以后,我卖画生涯,一天比一天兴盛起来。这都是师曾提拔我的一番厚意,我是永远忘不了他的。

长孙秉灵,肄业北京法政专门学校,成绩常列优等,去年病后,本年五月又得了病,于是十一月初一日死了,年十七岁。回想在家乡时,他才十岁左右,我在借山馆前后,移花接木,他拿着刀凿,跟在我身后,很高兴地帮着我,当初种的梨树,他尤出力不少。我悼他的诗有云:

梨花若是多情种,应忆相随种树人。

秉灵的死,使我伤感得很。

民国十二年（癸亥·一九二三），我六十一岁。从本年起，我开始作日记，取名《三百石印斋纪事》。只因性懒善忘，隔着好几天，才记上一回。中秋节后，我从三道栅栏迁至太平桥高岔拉一号，把早先湘绮师给我写的"寄萍堂"横额，挂在屋内。附近有条胡同，名叫鬼门关，听说明朝时候，那里是刑人地方。我作的寄萍堂诗，有两句："马面牛头都见惯，寄萍堂外鬼门关。"当我在三道栅栏迁出之先，陈师曾来，说他要到大连去。不久得到消息：师曾在大连接家信，奔继母丧，到南京去，得痢疾死了。我失掉一个知己，心里头觉得异常空虚，眼泪也就止不住地流了下来。他对于我的画，指正的地方很不少，我都听从他的话，逐步地改变了。他也很虚心地采纳了我的浅见，我有"君无我不进，我无君则退"的两句诗，可以概见我们两人的交谊。可惜他只活了四十八岁，这是多么痛心的事啊！

那年十一月十一日，宝珠又生了一个男孩，取名良已，号子泷，小名迟迟。

民国十三年（甲子·一九二四），我六十二岁。十四年（乙丑·一九二五），我六十三岁。良琨这几年跟我学画，在南纸铺里也挂上了笔单，卖画收入的润资，倒也不少，足可自立谋生。儿媳张紫环能画梅花，倒也很有点笔力。

乙丑年的正月，同乡宾恺南先生从湘潭到北京，我在家里请他吃饭,邀了几位同乡作陪。恺南名玉瓒,是癸卯科的解元,近年来喜欢研究佛学。席间,有位同乡对我说:"你的画名,已是传遍国外,日本是你的发祥之地,离我们中国又近,你何不去游历一番,顺便卖画刻印,保管名利双收,饱载而归。"我说:"我定居北京,快过九个年头啦!近年在国内卖画所得,足够我过活,不比初到京时的门罗可雀了。我现在饿了,有米可吃,冷了,有煤可烧,人生贵知足,糊上嘴,就得了,何必要那么多钱,反而自受其累呢!"恺南听了,笑着对我说:"濒生这几句话,大可以学佛了!"他就跟我谈了许多禅理。

二月底,我生了一场大病,七天七夜,人事不知,等到苏省回来,满身无力,痛苦万分。足足病了一个来月,才能起坐。当我病亟时,自己忽发痴想:"六十三岁的火坑,从此就算过去了吗?"幸而没有死,又活到了现在。那年,梅兰芳正式跟我学画草虫,学了不久,他已画得非常生动。

民国十五年(丙寅·一九二六),我六十四岁。春初,回南探视双亲,到了长沙,听说家乡一带,正有战事,道路阻不得通。只得折回,从汉口坐江轮到南京,乘津浦车经天津回到北京,已是二月底了。隔不了十几天,忽接我长子良元来信,说我母亲病重,恐不易治,要我汇款济急。我打算立刻南行,到家去看看,听得湘鄂一带,战火弥漫,比了上月,形势更紧,我不能插翅飞去,

辑一 自述

《秋蛾》（草虫册页）
1924年作，12.8cm×18.3cm，现中国美术馆藏。题款"寄萍堂主人"。

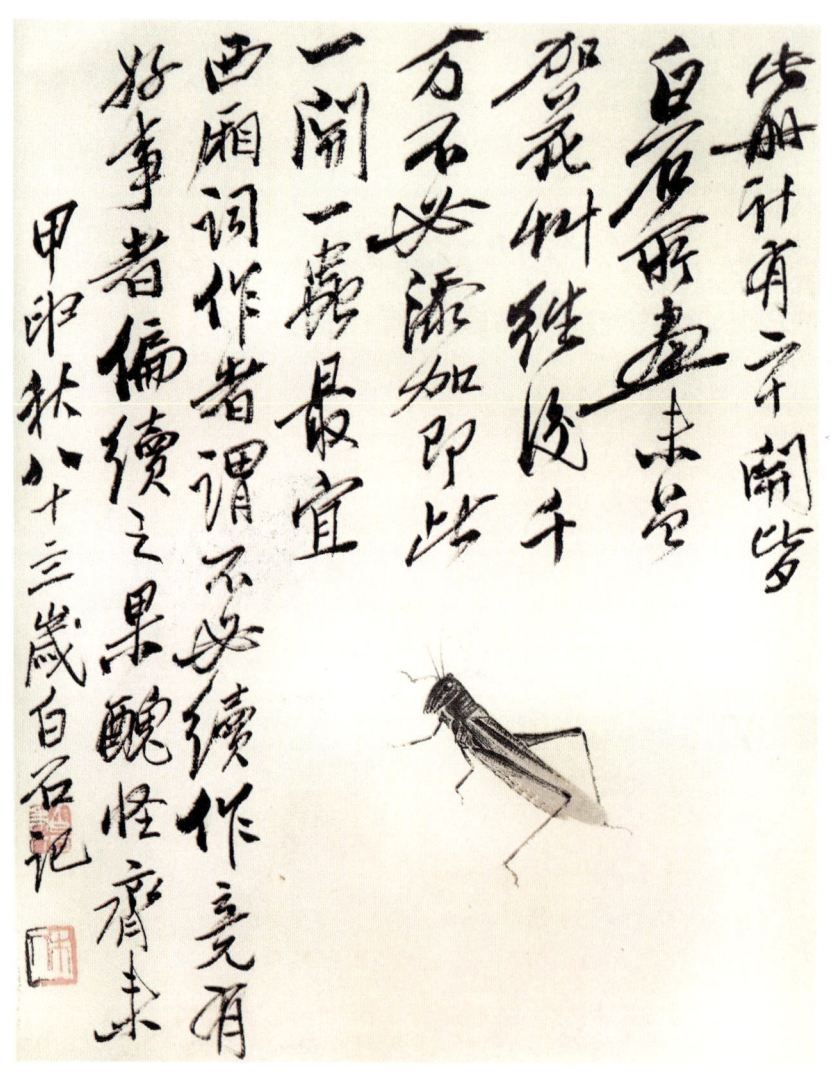

《蚂蚱》（草虫册页）
1924年作，12.8cm×18.3cm，现中国美术馆藏。题款"齐大"。

《罗汉》
1925年前后作,27.5cm×31cm,现中国美术馆藏。

心里焦急如焚，不得已于十六日汇了一百元给良元。我定居北京以来，天天作画刻印，从未间断，这次因汇款之后，一直没有再接良元来信，心乱如麻，不耐伏案，任何事都停顿下了。到四月十九日，才接良元来信，说母亲于三月初得病，延至二十三日巳时故去，享年八十二岁，弥留时还再三地问："纯芝回来了没有？我不能再等他了！我没有看见纯芝，死了还悬悬于心的啊！"我看了此信，眼睛都要哭瞎了。既是无法奔丧，只可立即设了灵位，在京成服。这样痛心的事，岂是几句话说得尽的。总而言之，我漂流在外，不能回去亲视含殓，简直不成为人子，不孝至极了。

我母亲一生，忧患之日多，欢乐之日少。年轻时，家境困苦，天天为着柴米油盐发愁，里里外外，熬尽辛劳。年将老，我才得成立，虚名传播，生活略见宽裕，母亲心里高兴了些，体气渐渐转强。后因我祖母逝世，接着我六弟纯俊，我长妹和我长孙，先后夭亡，母亲连年哭泣，哭得两眼眶里，都流出了血，从此身体又见衰弱了。七十岁后，家乡兵匪作乱，几乎没有一天过得安静日子。我漂流在北京，不能在旁侍奉，又不能迎养到京，心悬两地，望眼欲穿。今年春初，我到了长沙，离家只有百里，又因道阻，不能到家一见父母，痛心之极。我作了一篇《齐璜母亲周太君身世》一文，也没有说得详尽。

七夕那天，又接良元来信，说我父亲病得非常危险，急欲回家去看看。只因湘鄂两省正是国民革命军和北洋军阀激战的地方，无论如何是通不过去的。要想绕道广东，再进湖南。探听得广东方面，大举北伐，沿途兵军拥挤，亦难通行。心里头同油煎似的，干巴巴地着急。八月初三夜间，良元又寄来快信，我猜想消息不一定是好的，眼泪就止不住地直淌下来。急忙拆信细看，我的父亲已于七月初五日申时逝世。当时脑袋一阵发晕，耳朵嗡嗡地直响，几乎晕了过去。也就在京布置灵堂，成服守制。在这一年之内，连遭父母两次大故，真觉得活着也无甚兴趣。我亲到樊樊山那里，求他给我父母，各写墓碑一纸，又各作像赞一篇，按照他的画文润格，送了他一百二十多元的笔资。我这为子的，对于父母，只尽了这么一点心力，还能算得是个人吗？想起来，心头非但惨痛，而且也惭愧得很哪！那年冬天，我在跨车胡同十五号，买了一所住房。

民国十六年（丁卯·一九二七），我六十五岁。北京有所专教作画和雕塑的学堂，是国立的，名称是艺术专门学校，校长林风眠请我去教中国画。我自问是个乡巴佬出身，到洋学堂去当教习，一定不容易搞好的。起初，不敢答允，林校长和许多朋友再三劝驾，无可奈何，只好答允去了，心里总多少有些别扭。想不到校长和同事们，都很看得起我。有一个法国籍的教师，名叫克利多，还对我说过：他到了东方以后，接触过的画家，不计其数，

齐以德像
1927年作,现湖南省湘潭市齐白石纪念馆藏。此图是齐白石根据照片绘制的。父亲去世时,齐白石已经很多年不画人像了,但还是亲自为父亲画了此肖像。

跨车胡同十五号齐白石故居
齐白石从1919年第一次到北京,至1957年仙逝,先后在宣武门外菜市口北半截胡同、法源寺、前门外西河沿排字胡同、跨车胡同、雨儿胡同等十几个地方住过。而居住时间最长的,就是跨车胡同十五号。

无论中国、日本、印度、南洋，画得使他满意的，我是头一个。他把我恭维得了不得，我真是受宠若惊了。学生们也都佩服我，逢到我上课，都是很专心地听我讲，看我画，我也就很高兴地教下去了。

民国十七年（戊辰·一九二八），我六十六岁。北京官僚，暮气沉沉，比着前清末年，更是变本加厉。每天午后才能起床，匆匆到署坐一会儿，谓之上衙门，没有多大功夫，就纷纷散了。晚间，酒食征逐之外，继以嫖赌，不到天明不归，最早亦须过了午夜，方能兴尽。我看他们白天不办正事，竟睡懒觉，画了两幅鸡，题有诗句：

天下鸡声君听否？长鸣过午快黄昏。

佳禽最好三缄口，啼醒诸君日又西。

像这样的腐败习气，岂能有持久不败的道理，所以那年初夏，北洋军阀，整个儿垮了台，这般懒虫似的旧官僚，也就跟着树倒猴儿散了。

广东搞出来的北伐军事，大获胜利，统一了中国，国民革命军到了北京，因为国都定在南京，把北京称作北平。艺术专门学校改称艺术学院，我的名义，也改称为教授。木匠当上了大学教授，跟十九年以前，铁匠张仲扬当上了湖南高等学堂的教务长，总算都是我们手艺人出身的一种佳话了。九月初一日，宝珠生了个女孩，取名良欢，乳名小乖。我长子良元，从家乡来到北京，探问我起居，并报告了许多家乡消息，我五弟纯隽，在这次匪乱中死去，年五十岁，听了很觉凄然。我的《借山吟馆诗草》，是那年秋天印行的。

民国十八年（己巳·一九二九），我六十七岁。十九年（庚午·一九三〇），我六十八岁。二十年（辛未·一九三一），我六十九岁。在我六十八岁时，二弟纯松在家乡死了，他比我小四岁，享年六十四岁。老年弟兄，又去了一个。同胞弟兄六人，现存三弟纯藻四弟纯培两人，连我仅剩半数了，伤哉！辛未正月二十六日，樊樊山逝世于北平，我又少了一位谈诗的知己，悲愤之怀，也是难以形容。三月十一日，宝珠又生了个女孩，取名良止，乳名小小乖。她的姊姊良欢，原来乳名小乖，添了良止，就叫作大小乖了。

那年九月十八日，是阴历八月初七日，日本军阀，偷袭沈阳，大规模地发动侵略，我气愤万分。心想：东北军的领袖张学良，现驻北平，一定会率领他的部队，打回关外，收复失土的。谁知他并不抵抗，报纸登载的东北消息，一天坏似一天，亡国之祸，迫在眉睫。人家都说，华北处在国防最前线，平津一带岌岌可危，很多人劝我避地南行。但是大好河山，万方一概，究竟哪里是乐土呢？我这个七十老翁，草间偷活，还有什么办法可想！只好得过且过，苟延残喘了。重阳那天，黎松安来，邀我去登高。我们在此时候，本没有这种闲情逸兴，却因古人登高，原是为了避灾，我们盼望国难早日解除，倒也可以牵缀上登高的意义。那时宣武门拆除瓮城，我们登上了宣武门城楼，东望炊烟四起，好像遍地是烽火，两人都有说不出的感慨。游览了一会，算是应了重阳登高的节景。我作了两首诗，有句说：

莫愁天倒无撑着，犹峙西山在眼前。

因为有许多人，妄想倚赖国联调查团的力量，抑制日本军阀的侵略，我知道这是与虎谋皮，怎能靠得住呢，所以作了这两句诗，去讽刺他们的。

那年，我长子良元，得了孙子，是他次子次生所生的孩子，取名耕夫，那是我的曾孙。我的家庭，已是四代同堂的了。我自担任艺术学院教授，除了艺院学生之外，以个人名义拜我为师的也很不少。门人瑞光和尚，他画的山水，学大涤子很得神髓，在我们弟子中，确是一个杰出人才，人都说他是我的高足，我也认他是我最得意的门人。同时，尚有两人拜我为师：一是赵羡渔，名铭箴，山西太谷人，是个诗家，书底子深得很；一是方问溪，名俊章，安徽合肥人，他的祖父方星樵，名秉忠，和我是朋友，是个很著名的昆曲家。问溪家学渊源，也是个戏曲家兼音乐家，年纪不过二十来岁。他的姑丈是京剧名伶杨隆寿之子长喜。梅兰

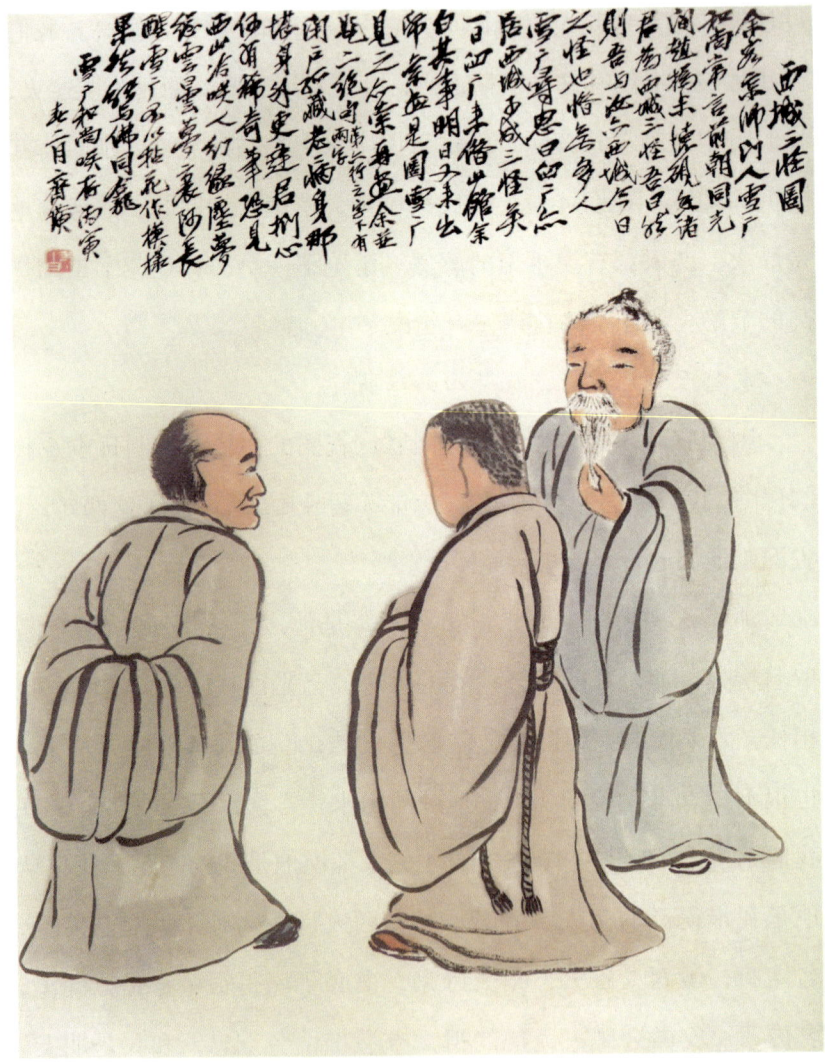

《西城三怪图》
1926年作，60.9cm×45.1cm，现中国美术馆藏。"西城三怪"指白石、瑞光和尚、白庵。

芳的母亲，是杨长喜的胞妹。问溪和兰芳是同辈的姻亲，可算得是梨园世家。

你（次溪案："你"指的是我，后同）家的张园，在左安门内新西里三号，原是明朝袁督师崇焕的故居，有听雨楼古迹。尊公篁溪学长在世时，屡次约我去玩，我很喜欢那个地方，虽在城市，大有山林的意趣。西望天坛的森森古柏，一片苍翠欲滴，好像近在咫尺。天气晴和的时候，还能看到翠微山峰，高耸云际。远山近林，简直是天开画屏，百观不厌。有时雨过天晴，落照残虹，映得天半朱霞，绚烂成绮。附近小溪环绕，点缀着几个池塘，绿水涟漪，游鱼可数。溪上阡陌纵横，稻粱蔬果之外，豆棚瓜架，触目皆是。叱犊呼耕，戽水耘田，俨然江南水乡风景，北地实所少见，何况在这万人如海的大都市里呢？我到了夏天，常去避暑。记得辛未那年，你同尊公特把后跨院西屋三间让给我住，又划了几丈空地，让我莳花种菜，我写了一张"借山居"横额，挂在屋内。我在那里绘画消夏，得气之清，大可以洗涤身心，神思自然就健旺了。

那时令弟仲葛、仲麦，还不到二十岁，暑期放假，常常陪伴着我，活泼可喜。我看他们扑蝴蝶，捉蜻蜓，扑捉到了，都给我做了绘画的标本。清晨和傍晚，又同他们观察草丛里虫豸跳跃，池塘里鱼虾游动，种种姿态，也都成我笔下的资料。我当时画了十多幅草虫鱼虾，都是在那里实地取材的。还画过一幅《多虾图》，挂在借山居的墙壁上面，这是我生平画虾最得意的一幅。

袁督师故居内，有他一幅遗像，画得很好，我曾临摹了一幅。离故居的北面不远，有袁督师庙，听说也是尊公出资修建的（次溪按：袁督师故宅，清末废为民居，墙垣欹侧，屋宇毁败，萧条之景，不堪寓目。民国初元，先君出资购置，修治整理，置种许多花木，附近的人，称之为张园。先君逝世后，时局多故，庭园又渐见荒芜。我为保存古迹起见，征得舍弟同意，把这房地捐献给龙潭公园管理），庙址相传是督师当年驻兵之所。东面是池塘，池边有篁溪钓台，是尊公守庙时游息的地方，我和尊公在那里钓过鱼。庙的邻近，原有一座法塔寺，寺已废圮，塔尚存在。再北为太阳宫，内祀太阳星君，据说三月十九为太阳生日，早先到了那天，用糕祭他，名为太阳糕。我所知道的：三月十九是明朝崇祯皇帝殉国的日子，明朝的遗老，在清朝初年，身处异族统治之下，怀念故国旧君，不敢明言，只好托名太阳，太阳是暗切明朝的"明"字意思。相沿了二百多年，到民初才罢祀，最近连太阳糕也很少有人知道的了。

太阳宫的东北，是袁督师墓，每年春秋两祭，广东同乡照例去扫墓。我在张园住的时候，不但袁督师的遗迹，都已瞻仰过了，就连附近万柳堂、夕照寺、卧佛寺等许多名胜，也都游览无遗，贤父子招待殷勤，我也是很感谢的。我在《张园春色图》和后来画的《葛园耕隐图》上题的诗句，都是我由衷之言,不是说着空话，随便恭维的。我还把照相留在张园借山居墙上，示后裔的诗说：

后裔倘肯寻旧迹，张园留像葬西山。

这首诗，也可算作我的预嘱哪！

民国二十一年（壬申·一九三二），我七十岁。正月初五日，惊悉我的得意门人瑞光和尚死了，享年五十五岁。他的画，一生专摹大涤子，拜我为师后，常来和我谈画，自称学我的笔法，才能画出大涤子的精意。我题他的画，有句说：

画水钩山用意同，老僧自道学萍翁。

他死了，我觉得可惜得很，到莲花寺里去哭了他一场，回来仍是郁郁不乐。我想，人是早晚要死的，我已是七十岁的人了，还有多少日子可活！这几年，卖画教书，刻印写字，进款却也不少，风烛残年，很可以不必再为衣食劳累了，就自己画了一幅《息肩图》，题诗说：

眼看朋侪归去拳，那曾把去一文钱，

先生自笑年七十，挑尽铜山应息肩。

可是画了此图，始终没曾息肩，我劳累了一生，靠着双手，糊上了嘴，看来，我是要劳累到死的啦！

自辽沈沦陷后，锦州又告失守，战火迫近了榆关，平津一带，人心浮动，富有之家，纷纷南迁。北平市上，敌方人员，往来不绝，他们慕我的名，时常登门来访，有的送我些礼物，有的约我去吃饭，还有请我去照相，目的是想白使唤我，替他们拼命去画，好让他们带回国去赚钱发财。我不胜其烦，明知他们诡计多端，内中是有肮脏作用的。况且我虽是一个毫无能力的人，多少总还有一点爱国心，假使愿意去听从他们的使唤，那我简直对不起我这七十岁的年纪了。因此在无办法中想出一个办法：把大门紧紧地关上，门里头加上一把大锁，有人来叫门，我先在门缝中看清是谁，能见的开门请进，不愿见的，命我的女仆回说"主人不在家"，不去开门，他们也就无法进来，只好扫兴地走了。这是不拒而拒的妙法，在他们没有见着我之时，先给他们一闭门羹，否则，他们见着了我，当面不便下逐客令，那就脱不掉许多麻烦了。冬，因谣言甚炽，门人纪友梅在东交民巷租有房子，邀我去住，我住了几天，听得局势略见缓和，才又回了家。

我早年跟胡沁园师学的是工笔画，从西安归来，因工笔画不能畅机，改画大写意。所画的东西，以日常能见到的为多，不常见的，我觉得虚无缥缈，画得虽好，总是不切实际。我题画葫芦诗说：

几欲变更终缩手，舍真作怪此生难。

不画常见的而去画不常见的，那就是舍真作怪了。我画实物，并不一味的刻意求似，能在不求似中得似，方得显出神韵。我有句说：

　　写生我懒求形似，不厌声名到老低。

所以我的画，不为俗人所喜，我亦不愿强合人意，有诗说：

　　我亦人间双妙手，搔人痒处最为难。

我向来反对宗派拘束，曾云：

　　逢人耻听说荆关，宗派夸能却汗颜。

也反对死临死摹，又曾说过：

　　山外楼台云外峯，匠家千古此雷同。

　　一笑前诸朝巨手，平铺细抹死工夫。

因之，我就常说：

　　胸中山气奇天下，删去临摹手一双。

赞同我这见解的人，陈师曾是头一个，其余就算瑞光和尚和徐悲鸿了。我画山水，布局立意，总是反复构思，不愿落入前人窠臼。五十岁后，懒于多费神思，曾在润格中订明不再为人画山水，在这二十年中，画了不过寥寥几幅。本年因你给我编印诗稿，代求名家题词，我答允各作一图为报，破例画了几幅，如给吴北江（闿生）画的《莲池讲学图》，给杨云史（圻）画的《江山万里楼图》，给赵幼梅（元礼）画的《明灯夜雨楼图》，给宗子威画的《辽东吟馆谈诗图》，给李释堪（宣倜）画的《握兰簃填词图》，这几

《桂林山》
1924年作，86.2cm×43.1cm，现北京故宫博物院藏。题款"逢人耻听说荆关，宗派夸能却汗颜。自有心胸甲天下，老夫看熟桂林山。甲子春三月，为汇川先生画并题。齐璜白石山翁"。齐白石晚年的山水画多是独立山峰，很少有崇山叠嶂。

《莲花书院图》
1933年作，65.2cm×48cm，现杨永德藏。

幅图，我自信都是别出心裁，经意之作。

民国二十二年（癸酉·一九三三），我七十一岁。你给我编的《白石诗草》八卷，元宵节印成，这件事，你很替我费了些心，我很感谢你的。我在戊辰年印出的《借山吟馆诗草》，是用石版影印我的手稿，从光绪壬寅到民国甲寅十二年间所作，收诗很少。这次的《白石诗草》，是壬寅以前和甲寅以后做的，曾经樊樊山选定，又经王仲言重选，收的诗比较多。

我的刻印，最早是走的丁龙泓、黄小松一路，继得"二金蝶堂印谱"，乃专攻赵㧑叔的笔意。后见天发神识碑，刀法一变，又见三公山碑，篆法也为之一变。最后喜秦权，纵横平直，一任自然，又一大变。光绪三十年以前，摹丁、黄时所刻之印，曾经拓存，湘绮师给我作过一篇序。民国六年（丁巳），家乡兵乱，把印拓全部失落，湘绮师的序文原稿，藏在墙壁内，幸得保存。十七年，我把丁巳后在北京所刻的，拓存四册，仍用湘绮师序文，刊在卷前，这是我定居北京后第一次拓存的印谱。本年我把丁巳以后所刻三千多方印中，选出二百三十四印，用朱砂泥亲自重行拓存。内有因求刻的人促迫取去，只拓得一二页，制成锌版充数的。此次统都剔出，另选我最近所刻自用的印加入，凑足原数，仍用湘绮师原序列于卷首，这是我在北京第二次所拓的印谱。又因戊辰年第一次印谱出书后，外国人购去印拓二百方，按此二百方，我已无权再行复制，只得把庚午、辛未两年所刻的拓本，装成六册，去年今年刻的较少，拓本装成四册，合计十册，这是我第三次拓的印谱。

三月，见报载，日军攻占热河、平津一带，深受威胁，人心很感恐慌。五月，《塘沽协议》订立，华北主权，丧失殆尽。春夏间，北平谣诼繁兴，我承门人纪友梅的关切，邀我到他的东交民巷寓所去避居，住了二十来天。

冬十二月二十三日，是我祖母马孺人一百二十岁冥诞之期。我祖母于光绪二十七年辛丑十二月十九日逝世，至今已过了三十二个周年了。她生前，我没有多大力量好好地侍奉，现在逢到她的冥诞，又是百二十岁的大典，理应稍尽寸心。那天在家，延僧诵经，敬谨设祭。到了夜晚，焚化冥镪时，我另写了一张文启，附在冥镪上面，一起焚掉。文启说：

祖母齐母马大君，今一百二十岁，冥中受用，外神不得疆得。今长孙年七十一矣，避匪难，居燕京，有家不能归，将至死不能扫祖母之墓，伤心哉！

想起千里游子，远别故乡庐墓，望眼天涯，黯然魂销。况我垂暮之年，来日苦短，旅怀如织，更是梦魂难。

民国二十三年（甲戌·一九三四），我七十二岁。我在光绪十八年（壬辰）三十三岁时，所刻的印章，都是自己的姓名，用在诗画方面的而已。刻的虽不多，收藏的印石，却有三百来方，我遂自名为"三百石印斋"。至民国十一年（壬戌）我六十岁时，自刻自用的印章多了，其中十分之二三，都是名贵的佳石。可惜这些印石，留在家乡，在丁卯、戊辰两年兵乱中，完全给兵匪抢走，这是我生平莫大的恨事。民国十六年（丁卯）以后，我没曾回到家乡去过，在北平陆续收购的印石，又积满了三百方，三百石印斋倒也仍是名副其实，只是石质却没有先前在家乡失掉的好了。上年罗祥止来，向我请教刻印的技法，求我当场奏刀。我把所藏的印石，一边刻给他看，一边讲给他听。祥止说：听我的话，如开霹雳，看我挥刀，好像呼呼有风声，佩服得了不得，非要拜我为师不可，我就只好答允，收他为门人了。本年又有一个四川籍的友人，也像祥止那样，屡次求我刻给他看，我把指示祥止的技法，照样的指示他。因此，从去年至今，不满一年的时候，把所藏的印石，全数刻完，所刻的印章，连以前所刻，又超过了三百之数，就再拓存下来，留示我子孙。

我刻印，同写字一样。写字，下笔不重描，刻印，一刀下去，决不回刀。我的刻法，纵横各一刀，只有两个方向，不同一般人所刻的，去一刀，回一刀，纵横来回各一刀，要有四个方向。篆法高雅不高雅，刀法健全不健全，懂得刻印的人，自能看得明白。我刻时，随着字的笔势，顺刻下去，并不需要先在石上描好字形，才去下刀。我的刻印，比较有劲，等于写字有笔力，就在这一点。常见他人刻石，来回盘旋，费了很多时间，就算学得这一家那一家的，但只学到了形似，把神韵都弄没了，貌合神离，仅能欺骗外行而已。他们这种刀法，只能说是蚀削，何尝是刻印。我常说：世间事，贵痛快，何况篆刻是风雅事，岂是拖泥带水，做得好的呢？

本年四月二十一日，宝珠又生了个男孩，取名良年，号寿翁，乳名小翁子。

民国二十四年（乙亥·一九三五），我七十三岁。本年起，我衰败之象迭出，右半身从臂膀到腿部，时时觉得酸痛，尤其可怕的，是一阵阵的头晕，请大夫诊治了几次，略略似乎好些。阳历四月一日，即阴历二月二十八日，携同宝珠南行。三日午刻到家，我的孙辈外孙辈和外甥等，有的已二十往外的人了，见着我面，都不认识。我离家快二十年了，住的房子，没有损坏，还添盖了几间，种的果木花卉，也还照旧，山上的树林，益发的茂盛。我长子良元，三子良琨，兄弟俩带头，率领着一家子大大小小，把家整理得有条有理，这都是我的好子孙哪！只有我妻陈春君，瘦得可怜，她今年已七十四岁啦。我在茹家冲家里，住了三天，就同宝珠动身北上。我别家时，不忍和春君相见。还有几个相好的亲友，在家坐待相送，我也不使他们知道，悄悄地离家走了。十四日回到了北平。这一次回家，祭扫了先人的坟墓，我日记上写道："乌鸟私情，未供一饱，哀哀父母，欲养不存。"我自己刻了一颗"悔乌堂"的印章，怀乡追远之念，真是与日俱增的啊！

我因连年时局不靖，防备宵小觊觎，对于门户特别加以小心。我的跨车胡同住宅，东面临街，我住在里院北屋，廊子前面，置有铁制的栅栏，晚上拉开，加上了锁，比较的严密得多了。阴历六月初四日上午寅刻，我听得犬吠之声，聒耳可厌，亲自起床驱逐。走得匆忙了些，脚骨误触栅栏的斜撑，一跤栽了下去。宝珠母子，听见我呼痛之声，急忙出来，抬我上床，请来正骨大夫，仔细诊治，推拿敷药，疼痛稍减。但是腿骨的筋，已长出一寸有零，腿骨脱了骱，公母骨错开了不相交，几乎成了残疾。

民国二十五年（丙子·一九三六），我七十四岁。阴历三月初七日，清明节的前七天，尊公邀我到张园，参拜袁督师崇焕遗像。那天到的人很多，记得有陈散原、杨云史、吴北江诸位。吃饭的时候，我谈起："我想在西郊香山附近，觅一块地，预备个生圹。前几年，托我同乡汪颂年（诒书），写过'处士齐白石之墓'七个大字的碑记。墓碑有了，墓地尚无着落。拟恳诸位大作家，俯赐题词，留待他日，俾光泉壤。"当时诸位都允承了，没隔几天，诗词都寄了来，这件事，也得感谢你贤父子的。

四川有个姓王的军人，托他住在北平的同乡，常来请我刻印，因此和他通过几回信，成了千里神交。春初，寄来快信，说：蜀中风景秀丽，物产丰富，不可不去玩玩。接着又来电报，欢迎我去。宝珠原是出生在四川的，很想回娘家去看看，遂于阴历闰三月初七日，同宝珠带着良止、良年两个孩子，离平南下。二十九夜，从汉口搭乘太古公司万通轮船，开往川江。五月一日黄昏，过沙市。沙市形势，很有些像湘潭，沿江有山嘴拦挡，水从江中流出，江岸成弯形，便于泊船。四日末刻，过万县，泊武陵。我心病发作，在船内很不舒适，到夜半病才好了。五日酉刻，抵嘉州。宝珠的娘家，在转斗桥胡家冲，原是酆都县属，但从嘉州登岸，反较近便。我们到了宝珠的娘家，住了三天，我陪她祭扫她母亲的坟墓，算是了却一桩心愿。我有诗说：

为君骨肉暂收帆，三日乡村问社坛。

难得老夫情意合，携樽同上草堆寒。

十一日到重庆。十五日宿内江。十六日到成都，住南门文庙后街，认识了方鹤叟旭。那时，金松岑、陈石遗、黄宝虹，都在成都，本是神交多年，此次见面，倍加亲热。松岑面许给我撰作传记。我在国立艺院和私立京华美专教过的学生，在成都的，都来招待我。

川中山水之佳，较桂林更胜一等，我游过了青城、峨嵋等山，就辞别诸友，预备东返。门生们都来相送。我记得俗谚有"老不入川"这句话，预料此番出川，终我之生，未必会再来的了。我留别门生的诗,有句云"蜀道九千年八十,知君不劝再来游"就是这个意思。八月二十五日离成都,经重庆、万县、宜昌,三十一日到汉口。住在朋友家,因腹泻耽了几天。九月四日,乘平汉车北行,五日到北平,回家。有人问我:"你这次川游,即没有作多少诗,也没有作什么画,是不是心里有了不快之事,所以兴趣毫无了呢?"我告诉他说:"并非如此!我们去时是四个人,回来也是四个人,心里有什么不快呢?不过四川的天气,时常浓雾蔽天,看山是扫兴的。"我背了一首《过巫峡》的诗给他听:

怒涛相击作春雷,江雾连天扫不开。

欲乞赤乌收拾尽,老夫原为看山来。

避世时期

（1937年—1948年）

民国二十六年（丁丑·一九三七），我七十七岁。早先我在长沙，舒贻上之鎏给我算八字，说："在丁丑年，脱丙运，交辰运。辰运是丁丑年三月十二日交，壬午三月十二日脱。丁丑年下半年即算辰运，辰与八字中之戌相冲，冲开富贵宝藏，小康自有可期，惟丑辰戌相刑，美中不足。"又说："交运时，可先念佛三遍，然后默念辰与酉合若干遍，在立夏以前，随时均宜念之。"又说："十二日戌时，是交辰运之时，属龙属狗之小孩宜暂避，属牛羊者亦不可近。本人可佩一金器，如金戒指之类。"念佛，带金器，避见属龙属狗属牛羊的人，我听了他话，都照办了。我还在他批的命书封面，写了九个大字："十二日戌刻交运大吉"。又在里页，写了几行字道："宜用瞒天过海法，今年七十五，可口称七十七，作为逃过七十五一关矣。"从丁丑年起，我就加了两岁，本年就算七十七岁了。

二月二十七日，即阴历正月十七，宝珠又生了一个女孩。取名良尾，生了没有几天，就得病死了。这个孩子，生得倒还秀丽，看样子不是笨的，可惜是昙花一现，像泡沫似的一会儿就幻灭了。

七月七日，即阴历五月二十九日，那天正交小暑节，天气已是热得很。后半夜，日本军阀在北平广安门外卢沟桥地方，发动了大规模的战事。卢沟桥在当时，是宛平县的县城，城虽很小，却是一个用兵要地，俨然是北平的屏障，失掉了它，北平就无险可守了。第二天，是阴历六月初一日，早晨见报，方知日军蓄意挑衅，事态有扩大可能。果然听到西边嘭嘭嘭的好几回巨大的声音，乃是日军轰炸了西苑。接着南苑又炸了，情势十分紧张。过了两天，忽然传来讲和的消息。但是，有一夜，广安门那边，又有啪啪啪的机枪声，闹了大半宵。如此停停打打，打打停停，闹了好多天。到了七月二十八日，即阴历六月二十一日，北平天津相继都沦陷了。前几天所说的讲和，原来是日军调兵遣将，准备大举进攻的一种诡计。我们的军队，终于放弃了平津，转向内地而去。

这从来没曾遭遇过的事情，一旦身临其境，使我胆战心惊，坐立不宁。怕的是：沦陷之后，不知要经受怎样的折磨，国土也不知哪天才能光复，那时所受的刺激，简直是无法形容。我下定决心，从此闭门家居，不与外界接触，艺术学院和京华美术专门学校两处的教课，都辞去不干了。亡友陈师曾的尊人散原先生于九月间逝世，我作了一副挽联送了去。联道：

为大臣嗣，画家爷，一辈作诗人，消受清闲原有命；

由南浦来，西山去，九天入仙境，乍经离乱岂无愁。

下联的末句，我有说不尽的苦处，含蓄在内。我因感念师曾生前对我的交谊，亲自到他尊人的灵前行了个礼，这是我在沦陷后第一次出大门。

民国二十七年（戊寅·一九三八），我七十八岁。瞿兑之来请我画《超览楼禊集图》，我记起这件事来了！前清宣统三年三月初十日，是清明后两天，我在长沙，王湘绮师约我到瞿子玖家超览楼看樱花海棠，命我画图，我答允了没有践诺。兑之是子玖的小儿子，会画几笔梅花，曾拜尹和伯为师，画笔倒也不俗。他请我补画当年的《禊集图》，我就画了给他，了却一桩心愿。

六月二十三日，即阴历五月二十六日，宝珠生了个男孩，这是我的第七子，宝珠生的第四子。我在日记上写道："二十六日寅时，钟表乃三点二十一分也。生一子，名曰良末，字纪牛，号耋根。此子之八字：戊寅，戊午，丙戌，庚寅，为炎上格，若生于前清时，宰相命也。"我在他的命册上批道："字以纪牛者，牛，丑也，记丁丑年怀胎也。号以耋根者，八十为耋，吾年八十，尚留此根苗也。"

十二月十四日，孙秉声出生，是良迟的长子。良迟是我的第四子，宝珠所生的第一子，今年十八岁，娶的是献县纪文达公后裔纪彭年的次女。宝珠今年三十七岁已经有了孙子啦，我们家，人丁可算兴旺哪！美中不足的是：秉声生时，我的第六子良年，乳名叫作小翁子的，病得很重，隔不到十天，十二月二十三日死了，年才五岁。这孩子很有点凤根，当他三岁时，知识渐开，已能懂得人事，见到爱吃的东西，从不争多论少，也不争先恐后，父母唤他才来，分得的还要留点给父母。我常说："孔融让梨，不能专美于前，我家的小翁子，将来一定是有出息的。"不料我有厚望的孩子，偏偏不能长寿，真叫我伤心！又因国难步步加深，不但上海南京早已陷落，听说我们家乡湖南也已沦入敌手，在此兵荒马乱的年月，心绪恶劣万分，我的日记《三百石印斋纪事》，无意再记下去，就此停笔了。

民国二十八年（己卯·一九三九），我七十九岁。二十九年（庚辰·一九四〇），我八十岁。自丁丑年北平沦陷后，这三年间，我深居简出，很少与人往还，但是登我门求见的人，非常之多。敌伪的大小头子，也有不少来找我的，请我吃饭，送我东西，跟我拉交情，图接近，甚至要求我跟他们一起照相，或是叫我去参加什么盛典，我总是婉辞拒绝，不出大门一步。他们的任何圈套，都是枉费心机。我怕他们纠缠不休，懒得跟他们多说废话，干脆在大门上贴一张纸条，写了十二个大字："白石老人心病复作，停止见客。"我原来是确实有点心脏病的，并不严重，就借此为名，避免与他们接近。"心病"两字另有含义，我自谓用得很是恰当。只因物价上涨，开支增加，不靠卖画刻印，无法维持生活，不得不在纸条上，补写了几句："若关作画刻印，请由南纸店接办。"那时，囤积倒把的商，非常之多，他们发了财，都想弄点字画，挂在家里，装装门面，我的生意，简直是忙不过来。二十八年己卯年底，想趁过年的时候，多休息几天，我又贴出声明："二十八年十二月初一起，先来之凭单退，后来之凭单不接。"过了年，二十九年庚辰正月，我为了生计，只得仍操旧业，不过在大门上，加贴了一张"画不卖与官，窃恐不祥"的告白，说："中外官长，要买白石之画者，用代表人可矣，不必亲驾到门。从来官不入民家，官入民家，主人不利。谨此告知，恕不接见。"这里头所说的"官入民家，主人不利"的话，是有双关意义的。我还声明："绝止减画价，绝止吃饭馆，绝止照相。"在"绝止减画价"的下面，加了小注："吾年八十矣，尺纸六圆，每圆加二角。"

另又声明:"卖画不论交情,君子自重,请照润格出钱。"我是想用这种方法,拒绝他们来麻烦的。还有给敌人当翻译的,常来讹诈,有的要画,有的要钱,有的软骗,有的硬索。我在墙上,又贴了告白,说:"切莫代人介绍,心病复作,继难报答也。"又说:"与外人翻译者,恕不酬谢,求诸君莫介绍,吾亦苦难报答也。"这些字条,日军投降后,我的看门人尹春如,从大门上揭了下来,归他保存。春如原是清朝宫里的太监,分配到肃王府,清末,侍候过肃亲王善耆的。

二月初,得良元从家乡寄来快信,得知我妻陈春君,不幸于正月十四日逝世,寿七十九岁。春君自十三岁来我家,熬穷受苦,从无怨言,我在北平,卖画为活,北来探视,三往三返,不辞跋涉。相处六十多年,我虽有恒河沙数的话,也难说尽贫贱夫妻之事,一朝死别,悲痛刻骨,泪哭欲干,心摧欲碎,作了一副挽联:

怪赤绳老人,系人夫妻,何必使人离别;

问黑面阎王,主我生死,胡不管我团圆。

又作了一篇祭文,叙说我妻一生贤德,留备后世子孙,观览勿忘。

良元信上还说,春君垂危之时,口嘱儿孙辈,慎侍衰翁,善承色笑,切莫使我生气。我想:远隔千里,不能当面诀别,这是她一生最后的缺恨,叫我用什么方法去报答她呢?我在北平,住了二十多年，雕虫小技，天下知名，所教的门人弟子，遍布南北各省，论理，应该可以的了，但因亲友故旧，在世已无多人，贤妻又先我而去，有家也归不得，想起来，就不免黯然了。我派了男子六人，女子六人，儿媳五人，孙曾男女共四十多人，见面不相识的很多。人家都恭维我多寿多男，活到八十岁，不能说不多寿；儿女孙曾一大群，不能说不多男；只是福薄，说来真觉惭愧。

民国三十年（辛巳·一九四一），我八十一岁。宝珠随侍我二十多年，勤俭柔顺，始终不倦，春君逝世后，很多亲友劝我扶正，遂于五月四日，邀请在北平的亲友二十余人，到场作证。先把我一生劳苦省俭积存下来的一点薄产分为六股，春君所生三子分得湖南家乡的田地房屋，宝珠所生三子分得北平的房屋现款，春君所生的次子良黻已不在人世，由次儿媳同其子继承。立有分关产业字据，六人各执一份，以资信守。分产竣事后，随即举行扶正典礼，我首先郑重声明："胡氏宝珠立为继室！"到场的二十多位亲友，都签名盖印。我当着亲友和儿孙等，在族谱上批明："日后齐氏续谱，照称继室。"宝珠身体素弱，那天十分高兴，招待亲友，直到深夜，毫无倦累神色。

隔不多天，忽有几个日本宪兵，来到我家，看门人尹春如拦阻不及，他们已直闯进来，嘴里说着不甚清楚的中国话，说是："要找齐老头儿。"我坐在正间的藤椅子上，一声不响，看他们究竟要干些什么，他们问我话，我装聋好像一点都听不见，他们近我身，我只装没有看见，他们叽里咕噜，说了一些我听不懂的话，也就没精打采地走了。事后，有人说："这是日军特务，派来吓唬人的。"也有人说："是几个喝醉的酒鬼，存心来捣乱的。"我也不问其究竟如何，只嘱咐尹春如，以后门户，要加倍小心，不可再疏忽，吃此虚惊。

民国三十一年（壬午・一九四二），我八十二岁。在七八年前，就已想到：我的岁数，过了古稀之年，桑榆暮景，为日无多，家乡辽远，白云在望，生既难还，死亦难归。北平西郊香山附近，有万安公墓，颇思预置生圹，备作他日葬骨之所，曾请同乡老友汪颂年写了墓碑，又请陈散原、吴北江、杨云史诸位题词做纪念。只是岁月逡巡，因循坐误，香山生圹之事，未曾举办。二十五年丙子冬，我又想到埋骨在陶然亭旁边，风景既幽美，地点又近便，复有香冢、鹦鹉冢等著名胜迹，后人凭吊，倒也算得佳话。知道你曾替人成全过，就也托你代办一次，可惜你不久离平南行，这事停顿至今。上年年底，你回平省亲，我跟你谈起旧事，承你厚意，和陶然亭慈悲禅林的主持慈安和尚商妥，慈安愿把亭东空地一段割赠，这真是所谓"高谊如云"的了。正月十三日，同了宝珠，带着幼子，由你陪去，介绍和慈安相晤，谈得非常满意。看了看墓地，高敞向阳，苇塘围绕，确是一块佳域。当下定议。我填了一阕《西江月》的词，后边附有跋语，说："壬午春正月十又三日，余来陶然亭，住持僧慈安赠妥坟地事，次溪侄，引荐人也，书于词后，以记其事。"但因我的儿孙，大部分都在湖南家乡，万一我死之后，他们不听我话，也许运柩回湘，或是改葬他处，岂不有负初衷，我写一张委托书交你收存，免得他日别生枝节。这样，不仅我百年骸骨，有了归宿，也可算是你我的一段生死交情了。（次溪按：老人当时写的委托书说："百年后埋骨于此，虑家人不能遵，以此为证。"我曾请徐石雪丈宗浩，画过一幅《陶然京白石觅圹图》，名流题词甚多，留作纪念。）

那年，我给你画的《萧寺拜陈图》，自信画得很不错。你请人题的诗词，据我看，治芗传岳芬题的那首七绝，应该说是压卷。我同陈师曾的交谊，你是知道的，我如没有师曾的提携，我的画名，不会有今天。师曾的尊人散原先生在世时，记得是二十四年乙亥的端阳节左右，你陪我到姚家胡同去访问他，请他给我作诗集的序文，他知道了我和师曾的关系，慨然应允。没隔几天，序文就由你交来。我打算以后如再刊印诗稿，陈、樊二位的序文，一起刊在卷前，我的诗稿，更可增光得多了。我自二十六年丁丑六月以后，不出家门一步。只在丁丑九月，得知散原先生逝世的消息，破例出了一次门，亲自去拜奠。他灵柩寄存在长椿寺，我也听人说起过，这次你我同到寺里去凭吊，我又破例出门了。（次溪按：

散原太世丈逝世时，我远客江南，壬午春，我回平，偶与老人谈及，拟往长椿寺祭拜，老人愿偕往，归后，特作《萧寺拜陈图》给我，我征集题词很多。傅治芗丈诗云："盘盘苶世一棺存，岁瓣心香款寺门，彼似沧洲陈太守，重封马鬣祭茶村。"）

民国三十二年（癸未·一九四三），我八十三岁。自从卢沟桥事变至今，已过了六个年头，天天提心吊胆，在忧闷中过着苦难日子。虽还没有大祸临身，但小小的骚扰，三天两头总是不免。最难应付的，就是假借买画的名义，常来捣乱。我这个八十开外的老翁，哪有许多精力，同他们去作无谓周旋。万不得已，从癸未年起，我在大门上，贴了四个大字"停止卖画"。从此以后，无论是南纸店经手，或朋友介绍，一概谢绝不画。家乡方面的老朋友，知道我停止卖画，关心我的生活，来信问我近况。我回答他们一首诗，有句云：

寿高不死羞为贼，不丑长安作饿莩。

我是宁可挨冻受饿，决不甘心去取媚那般人的。我心里正在愁闷难遣的时候，偏偏又遭了一场失意之事：十二月十二日，继室胡宝珠病故，年四十二岁。宝珠自十八岁进我家门，二十多年来，善事我的起居，寒暖饥饱，刻刻关怀。我作画之时，给我理纸磨墨，见得我的作品多了，也能指出我笔法的巧拙，市上冒我名的假画，一望就能辨出。我偶或有些小病，她衣不解带地昼夜在我

辑一　自述

齐白石作画，胡宝珠磨墨。

齐白石与胡宝珠合影。

胡宝珠作品《黄鹅》

胡宝珠作品《老鼠偷书》

身边，悉心侍候。春君在世时，对她很是看重，她也处处不忘礼节，所以妻妾之间，从未发生龃龉。我本想风烛之年，仗她护持，身后之事，亦必待她料理，不料她方中年，竟先衰翁而去，怎不叫我洒尽老泪，犹难抑住悲怀哩！

民国三十三年（甲申·一九四四），我八十四岁。我满怀积忿，无可发泄，只有在文字中，略吐不幸之气。胡冷庵拿他所画的山水卷子，叫我题诗，我信笔写了一首七绝，说：

对君斯册感当年，撞破金瓯国可怜。

灯下再三挥泪看，中华无此整山川。

我这诗很有感慨。我虽停止卖画，但作画仍是天天并不间断，所作之画，分给儿女们保存。我画的鸬鹚舟，题诗道：

大好江山破碎时，鸬鹚一饱别无知。

渔人不识兴亡事，醉把扁舟系柳枝。

我题门生李苦禅画的鸬鹚鸟，写了一段短文道：

此食鱼鸟也，不食五谷鸬鹚之类。有时河涸江干，或有饿死者，渔人以肉饲其饿者，饿者不食。故旧有谚云：鸬鹚不食鸬鹚肉。

这是说汉奸们同鸬鹚一样的"一饱别无知"，但"鸬鹚不食鸬鹚肉"，并不自戕同类，汉们对之还有愧色哩。我题《群鼠图》诗：

群鼠群鼠，何多如许！何闹如许！既啮我果，又剥我黍。烛炧灯残天欲曙，严冬已换五更鼓。

又题画螃蟹诗：

处处草泥乡，行到何方好！昨岁见君多，今年见君少。

我见敌人的泥脚愈陷愈深，日暮途穷，就在眼前，所以拿老鼠和螃蟹来讽刺它的。有人劝我明哲保身，不必这样露骨的讽刺。我想：残年遭乱，死何足惜，拼着一条老命，还有什么可怕的呢？

六月七日，忽然接到艺术专科学校的通知，叫我去领配给煤。艺专本已升格为学院，沦陷后又降为专科学校。那时各学校的大权，都操在日籍顾问之手，各学校里，又都聘有日文教员，也是很有权威，人多侧目而视。我脱离学校，已有七年，为什么凭空给我这份配给煤呢？其中必有原因，我立即把通知条退了回去，并附了一封信道："顷接艺术专科学校通知条，言配给门头沟煤事。白石非贵校之教职员，贵校之通知误矣。先生可查明作罢论为是。"煤在当时，固然不易买到，我齐白石又岂是没有骨头、爱贪小便宜的人，他们真是错看了人哪！朋友因我老年无人照料，介绍一位夏文珠女士来任看护，那是九月间事。

民国三十四年（乙酉·一九四五），我八十五岁。三月十一日，即阴历正月二十七，我天明复睡，得了一梦：立在余霞峰借山馆的晒坪边，看见对面小路上有抬殡的过来，好像是要走到借山馆的后面去。殡后随着一口没有上盖的空棺，急急地走到殡前面，直向我家走来。我梦中自想，这是我的棺，为什么走得这样快？

看来我是不久人世了。心里头一纳闷，就惊醒了。醒后，愈想愈觉离奇，就做了一副自挽联道：

> 有天下画名，何若忠臣孝子；
>
> 无人间恶相，不怕马面牛头。

这不过无聊之极，聊以解嘲而已。

到了八月十四日，传来莫大的喜讯：抗战胜利，日军无条件投降。我听了，胸中一口闷气，长长地松了出来，心里头顿时觉得舒畅多了。这一乐，乐得我一宵都没睡着，常言道，心花怒放，也许有点相像。十月十日是华北军区受降的日子，熬了八年的苦，受了八年的罪，一朝拨开云雾，重见天日，北平城里，人人面有喜色。那天，侯且斋、董秋崖、余倜等来看我，留他们在家小酌，我作了一首七言律诗，结联云：

> 莫道长年亦多难，太平看到眼中来。

民国三十五年（丙戌·一九四六），我八十六岁。抗战结束，国土光复，我恢复了卖画刻印生涯，琉璃厂一带的南纸铺，把我的润格，照旧地挂了出来。我的第五子良巳，在辅仁大学美术系读书学画，颇肯用功，平日看我作画，我指点笔法，也能专心领会，仿我的作品，人家都说可以乱真，求他画的人，也很不少。十月，南京方面来人，请我南下一游，是坐飞机去的，我的第四子良迟和夏文珠同行。先到南京，中华全国美术会举行了我的作品展览；

后到上海，也举行了一次展览。我带去的二百多张画，全部卖出，回到北平，带回来的"法币"，一捆一捆的数目倒也大有可观，等到拿出去买东西，连十袋面粉都买不到了。

十二月十九日，女儿良欢死了，年十九岁。良欢幼时，乖巧得很，刚满周岁，牙牙学语，我教她认字，居然识了不忘，所以乳名小乖。自她母亲故去后，郁郁不乐，三年之间，时常闹些小病，日积月累，遂致不起，我既痛她短命，又想起了她的母亲，衰年伤心，洒了不少老泪。

民国三十六年（丁亥·一九四七），我八十七岁。三十七年（戊子·一九四八），我八十八岁。这两年，常有人来劝我迁往南京上海等地，还有人从杭州来信，叫我去主持西湖美术院。我回答他一首诗，句云：

北房南屋少安居，何处清平着老夫？

那时，"法币"几乎成了废纸，一个烧饼，卖十万元，一个最次的小面包，卖二十万元，吃一顿饭馆，总得千万元以上，真是骇人听闻。接着改换了"金圆券"，一圆折合"法币"三百万元，刚出现时，好像重病的人，缓过一口气，但一霎眼间，物价的涨风，一日千变，比了"法币"，更是有如无已。囤积倒把的人，街头巷尾，触目皆是。他们异想天开，把我的画，也当作货物一样，囤积起来。拿着一堆废纸似的"金圆券"，订我的画件，一订就是几千张几百张。我案头积纸如山,看着不免心惊肉跳。朋友跟我开玩笑,说:"看这样子,真是'生意兴隆通四海,财源茂盛达三江'了。"实则我耗了不少心血,费了不少腕力,换得的票子,有时一张画还卖不到几个烧饼,望九之年,哪有许多精神?只得叹一口气,挂出"暂停收件"的告白了。

---- 相关链接 ----

《齐白石自述》的笔录者张次溪曾说:"那时,老人已届八十六岁高龄,身体渐渐有点衰弱迹象,坐的时间长了,似乎感觉异常劳累,说话也不能太多,多说就显得气促力竭。而我的高血压症一度又十分严重,遵医之嘱,在家休养,老人那边,足迹遂疏,此稿只能暂时告一段落。我本想等我病愈之后,趁哪一天老人精神好时,再去听听他的口述,给他多记录点。想不到隔不多久,老人逝世了。"因此齐白石1947年以后之事尚未整理完成,自述暂止于此。

齐璜生平略自述

齐璜岁龀龄，见狗子猫儿则笑，见生客则哭，呵呵若有所责。祖父祖母爱之。小时多病，病危时，祖母尝祷于神祈，以头叩地作声，伤处坟起。四五岁时，或柴火围炉，祖父以钳画灰教"纯芝"二字，曰："此救名也。"尝以黑羊皮衣左襟裹于怀睡之。年九岁，外祖父设村学于白石铺之枫林亭，予走读，春雨泥泞，祖父负予于背，左手提饭箩，右手把雨伞，口教《论语》，是日所读之书，途中早熟记矣。曰："汝用心若是，惜越明年，将欲汝牧牛。"一日，祖母使予与二弟纯松各佩一铃，言曰："汝兄弟日夕未归，吾则倚门而望，闻铃声渐近，知汝归矣，吾始安心为晚炊也。"予闻此数语，当即流泪。是时，予年虽小，觉读书有味，牛放于枫林亭外，仍就外祖父点《论语》下卷，坐草间读之；如手欲拾薪，将书挂牛角，归则写字。一日，祖母正色曰："汝只管读书写字，生来时走错了人家。谚云：'三日风，四日雨，那（哪）见文章锅里煮？'明朝无柴米，吾儿奈何！算命先生谓汝终当别祖离乡，汝果欲读书做官，远离故乡耶？"年十又二，先父令其从事于大匠，作乡里之木器，粗细皆工。朝为工，夜习画。二十岁从胡沁园、萧芗阶游，能写真，犹不能与人通书简。客南泉，黎雨民赠笺纸十匣与予，隔壁通函，予不得已，每强答，如是数月，能老实成文。由是与黎松庵互相摹印，与王仲言，罗真吾、醒吾，防茯根，胡石安诸人为诗友，借龙山僧寺为诗社，谓为龙山七子，推予为社长，论齿也。三十八岁，人求画南岳七十二峰图，酬二百四十金，始佃莲花峰下百梅祠屋居焉。强出星斗塘时，吾祖母尚存。乌私无补，予之不成人子，乃此一大事也。年四十，时天正寒，忽得友人夏午诒、郭葆生来电报，聘之长安为画师。风雪过灞桥，识樊樊山。越明年春三月，夏偕予入都，教姚无双作画。将行时，樊山约予曰："吾五月亦必到京，荐君见慈禧，并荐缪夫人作借山之门客。"其年癸卯闰五月，樊山始到京，探问，齐山人前五月，过黑水洋，转上海还湘矣。夏、樊相语曰："此人志高性僻，真隐逸之一流。

伊未出京时，吾欲赠钱若干，劝其就便引见，捐一县丞，其职虽小，亦朝中命官。现吾父已升江西巡抚，先生相见到印如何？伊不答，竟出京。"甲辰，闻湘绮老人游江西，予亦往晤。衡州之铜匠曾招吉，湘潭之铁工张仲飏，乃湘绮之门客，凡十三人。七月七日，乘小轿，七十有余之老师亲身约客曰："南昌自曾文正去后，文风寥落。吾今日门客赠来石榴，今夕可共食。"是夕，师留小住，与故人之子孙对坐。忽传来一纸条，十字：地灵胜江汇，星聚及秋期。并云：依年齿联句。此作诗之盛会，算第一度出京。予如是游桂林，看阳羡山水，看独秀山之一灯乱星。越年，再游桂林，转广东之钦州，过东兴之铁桥，看安南之风景。再过黑水洋，至苏州，看中秋无月之虎丘山。十年之中，五出五归，世味饱尝，便思缩足。买山近衡岳，碧纱橱里读书十年，著有《借山吟馆诗草》。值丁巳乡乱，无处逃避，偶与樊山书，答函劝予居京都，可卖画自食。故友得与樊山、松庵、宗子威、赵幼梅、杨云史、贺孔才、陈散原常晤谈。今樊山死，诸友皆离散。今年晤陈石遗、金松岑、方鹤叟三君于成都，此生之朋友相识最晚者也。湘上有家不容予归，时年七十又六矣。能活几何？因营生圹于香山之阳，于右任、汪贻书皆为书墓碑，文曰：处士齐白石之墓。予回思祖母所谓之算命先生之决断如此，真神乎技矣！

作于 1936 年

白石自状略

生于湘潭南行百里杏子坞星斗塘老屋。八岁,始从外祖父读书于白石铺枫叶亭。春雨泥泞,祖父左提饭箩,右擎雨伞,朝送暮复往负归。性喜画,以习字之纸裁半张画渔翁。起外祖父尝责之,犹不能已。秋,因病读书止之,在家以记事账簿取纸仍旧写画。一日,祖母曰:"汝父无兄弟,得长孙爱如掌珠,以为耕种有助力人矣。汝小时善病,巫医无功。吾与汝母祷于神祇,叩头作声,额肿坟起,尝忘其痛苦。医谓食乳,母宜禁油腻。汝母过年节,尝不知肉味。吾播百谷,负汝于背,如影不离身。今既力能砍柴为炊，汝只管写字。俗语云：三日风，四日雨，那（哪）见文章锅里煮。明朝无米，吾孙奈何？惜汝生来时走错了人家。"如是，将《论语》挂于牛角，日日负薪，以为常事。年十二，祖父去世，璜感以指画膝，炉钳画灰教之识姓名字样，皮衣抱睡，孙暖自寒（祖父尝以乌羊皮裘抱孙于怀中，暖睡为乐），璜哭泣三日不食。是年璜父教之扶犁。因年小力弱，转学木工。朝为工，暮归，以松油柴火为灯，习画十余年。年廿又七，慕胡沁园、陈少蕃二先生为一方风雅正人君子，事为师，学诗画。萧芗陔，文少可不辞百里，往教于星斗塘。从此画山水人物都能，更能写真于乡里，能得酬金以供仰事俯蓄。借五龙山僧寺为诗社，社友王仲言辈凡七人，谓为"七子"。推璜为龙山社长，黎松庵，薇荪，雨民为诗友。识张仲飏，得见王湘绮，拜为弟子。辛丑，识李翰屏。蔡□□谓翰屏曰：国有颜子而不知，深以为耻。请来相见。壬寅，年四十二，识夏午诒，李梅庵兄弟叔侄，郭葆荪兄弟。是岁之冬，夏午诒由西安聘为画师，教姚无双。风雪过灞桥，远远看华山。到是年将终，识樊樊山，晤张仲飏、郭葆荪，游碑林、雁塔，浴牛首山温泉。癸卯春三月，午诒请尽画师职，同上京师。樊山曰："吾五月当继至。孝钦（太后）爱画，吾当荐君。"（樊山为题《借山图诗》：宁独蛟绡隐金箧，便偕彝鼎登明堂。意欲举荐也。）由西安上京华，道过黄河，望嵩高。到京，居宣外北半截胡同，识曾农髯，晤李增庵、张贡吾。五月之初，闻樊山已起行。璜平生以见贵人为苦事，强辞午诒欲南还。午诒曰：既有归志，坚不可留。寿田欲赠君，为寿以钱，不如赚君以官，为捐一县丞。就此引见，不费一钱。县丞虽小，亦是朝廷命官。寿田家严当为江西巡抚，君到省立即上印，也是好玩一事。璜笑谢之。过黑水洋，到上海，少住还湘。甲辰，年四十四，侍湘绮师游南昌。七夕，师赐食石榴，招诸弟子曰：南昌自曾文正公去后，文风寂然。今夕不可无诗。座中有铁匠张仲飏，铜匠曾招吉及璜，推为王门三匠。登滕王阁，小饮荷花池，游庐山。越明年，汪颂年为提学使，偕游桂林看佳山水，小游阳朔，穿走诸洞。越年节，得父示：四弟与贞儿从军，已到广东。命璜追寻。过苍梧，至广东，居祇园寺，探问，移军钦州矣。到钦州，郭葆荪留之教姬人画。游端溪，谒包公祠，复随军到东兴。过铁桥，看安南山水。久客思归，携四弟与贞儿由香港海道至上海。一日思游虎丘山，是日至江苏（苏州）城。天色晚，宿驸马府堂。虎邱归后，复寻李梅庵于金陵，居三月还家。造一室曰"借山吟馆"，置碧纱橱于其中，蚊蝇无扰。读古文诗词，吟新句。将所游好山水初稿重画，编入《借山图》，共得五十余图册。余闲种果木三百株。辛亥，侍湘绮师长沙，求为祖母马孺人撰墓志铭并书。壬子春，闻湘绮师又来长沙，居营盘街。璜往侍。谭三兄弟邀住荷花池上，为先人写真。忽湘绮师函示云：明日约文人二三，借瞿超览楼一饮。汪财官与君善，亦在座，不妨翩然而来。得见超览楼主人及诸公子。湘绮师曰："濒生足迹半天下，久未与同乡人作画，可为画《超览楼禊集图》。"饮后，超览楼主人引客看樱花及海棠花。齐璜因事还乡，未及图画报命。丁巳，避乡乱，窜入京华。旧识知诗者樊樊山、知刻者夏午诒、知画者郭葆荪相晤。璜借法源寺居之，卖画及篆刻为业。识陈师曾、姚茫父、陈半丁、罗瘿公兄弟、汪蔼士、萧龙友。因寺壁倾倒一角，恐赫，遂迁于宣内观音寺。识朱悟园，因识林畏庵先生。寺内佛号钟声，睡不成寐。再迁石灯庵。老僧又好蓄鸡犬，昼夜不断啼吠声。再迁三道栅栏。再迁鬼门关外。识徐悲鸿、陈散原、贺履之。乙亥夏初，携姬人南还，扫先人墓。乌鸟私情，未供一饱。哀哀父母，欲养不存。自刻"悔乌堂"印。丙子春，蜀人来函，聘请游青城、峨眉。入川，见山水胜于桂林，惜东坡未见也。居重庆越两月，居成都越半年。识方鹤叟，晤诸门人。返京华，识张苟圃。丁丑以前，为京华艺术学院教授数年，北京艺术专科学校教授数年。戊寅，超览楼后人瞿兑之来京华，璜为补画《超览楼禊集图》。平生著作无多，自书《借山吟馆诗》一册，《白石诗草》八卷，《借山吟馆图》四十二图（陈师曾借观，失少十图）。尚有诗约八卷，未钞正，挽词及题跋、记事语、书札已集卷，未钞正，画册可印、照稿可印百集。在北地流连廿又三载，可惭者，雕虫小技。感天下之知名，且喜三千弟子，复叹故旧亦如晨星。忽忽年八十矣，有家不能归。膝下男子六人，女子六人，男媳五人，孙曾男女合共四十余人，不相识者居多数。璜小时性顽，祖母欲骂却笑曰：算命先生谓汝必别祖离乡，今果然矣。多男多寿，独福薄惭矣。

作于 1940 年

白石讲话二则

在告全世界人民书上签名前的讲话

早几年就听说美国有原子弹,还吹牛说,一分钟就能炸毁一座城市。我就觉得很奇怪,要是发明一个什么弹能在一分钟内造好一座城市,那才值得恭维哩。美国为了侵略,才丧尽天良,做出这种大坏事。自从盘古开天地,还找不出类此的罪恶,他还吹牛唬人。真是恬不知耻。如今过了几年,美国还是用原子弹威胁和平,可是我又听说苏联把原子能用在和平建设上。我今年九十五岁，幸喜能活到解放，看见毛主席，看见中国人过好年头，看见国家开太平。

我画了六七十年画。我画好看的东西，画有生气的东西。我画一个草虫都愿它生机活泼，谁又能容忍美好世界遭到破坏。

五年以来，许多从世界各地到北京来的外国朋友都来看望我。我记不得这许多好人的名字，但我知道他们是为和平为艺术而来的。

我想全世界的老年人都爱和平，爱安静，爱自己的家园和子孙。爱和平就要保卫和平，保卫和平就要反对使用不祥之物——原子弹，所以我要响应世界和平理事会的号召，在告全世界人民书上签上我的名字。

1955 年

在世界和平理事会国际和平奖仪式上的答词

世界和平理事会把国际和平奖金获得者的名义加在齐白石的名字上,这是我一生至高无上的光荣,我认为这也是给予中国人民的无上光荣。我以九十六岁的高年,能借这个机会对国家社会,对文艺界有些小贡献以获得这样荣誉,这是我永远不能忘的一件事。正因为爱我的家乡,爱我的祖国美丽富饶的山河大地,爱大地上的一切活生生的生命,因而花费了我的毕生精力,把一个普通中国人的感情画在画里,写在诗里。直到近几年,我才体会到,原来我所追求的就是和平。

1955 年

辑二 墓志

祖母墓志①

先大母姓马氏,考讳传虎,邑处士也。十岁即丧母。明二弟幼弱,大母皆抚之成立。事父能尽其力,尤钟爱之,常呼曰九姑,盖以在室行九故也。年十九归先大父刀秉公,三日即入厨执炊。姒娣有弱不能任其劳者,大母皆为代之。事舅姑孝敬不衰,相万秉公有礼。万秉公性刚直,负气不平,常与人争论。大母闻之,辄以言解之。初生一女不育,二十八岁吾父贳政公始生。六十一

①齐白石祖母马氏于1901年农历十二月十九日去世。

岁先大父岁殁,泣而不食者三日。终身勤于纺织,冬夜纺声并鸡声达旦。其爱孙尤笃,璜童时善病,尝累母亦病。大母抱之,经月,终日夜不离怀,至忘寝食。有时病危,则泣祷于神,以头叩地至有声。秋日,播谷常戴破笠背璜而行,刻不可离,如影之于身。璜十岁牧牛,日夕未归,则倚而望。一日取铜铃二,令璜及弟纯松佩之,曰:"尔等一出,吾常悬念。今各佩此,则闻铃声,即知尔未离远也。"晚岁家益贫,日食苦不给,常私自忍饥,留其食以待孙子。享年八十有九,以光绪辛丑年十二月十九日殁。越明年壬寅正月,葬于本邑烟墩岭蓼叶园之阳。未首丑趾,子一人,孙男六人。长孙璜谨述。

大匠墓志①

　　周君之美大匠也。以光绪丙午九月廿有一日死，越二日葬君于马鞍山之阳。君于木工为最著，雕琢尤精。余事师时，君年三十有八，尝语人曰：此子他日必为班门之巧匠，吾将来垂光有所依矣。君无子，故视余犹子也。越十年，余改业于画，遂弃斧斤，余已哀君势失。又越十四年，余身行万八千里，三出三返，余又哀君之憔悴。又越五年，君年益老，无有活日，哀哉。君死

---

① 齐白石师傅周之美于1906年农历九月二十一日去世。

矣，余哀痛之。回忆自余从事以来，忽忽廿有九年，与余绝无间言，对人言必扬余之善。余竟未能报君之情爱，且负君之言望，是可愧也。君性孤僻，人言反学于余，逢人无多言。君子知其不谄，惟小人有言外之谤，谤其自大。夫处贫贱者，能达观万物之衰盛，以安其命，知富不可求。固布衣可傲侯王，于小人何心自卑耳？而君之寡合，其小人亦莫奈君何。君常与人通假金票，或经年，人自忘其索。君囊底稍有所获，不留吃着，即尽将还人。然小人犹不解敬之者。君虽孤苦不堪，终不失为君子，乃贫病至如此。是可哀也。

次男子仁墓志①

子仁字也，讳良黼，一字天锡。前清光绪十年甲午岁二月二十一日巳时生，中华民国二年癸丑岁十一月初八未时死。越二十六日，葬于杏子树三角园乙山辛向。仁儿业农喜猎，亦能刻印。虽逢乱世，正不失为君子。孝□页父母，克和兄弟，仁爱妻女，诚信亲友。年十八始娶王氏，生一女。将待兄子生承祧焉，余预为名曰秉亨，字曰通生，情也。痛哉心伤，事父母而不卒。药物之非良耶，命数之于此耶。可哀也。

---

①齐白石次子齐于仁于1913年农历十一月初八病故。

祭次男子仁文

维癸丑年，乙丑月，甲申日，以鸡酒遭三男祭于亡男子仁之录。痛哉。吾居星塘老屋，灶内生蛙，始事如画，为家口忙于乡里。仁兄弟虽有父，有若孤儿。前清光绪二十六年春，借山狮子口居焉。仁儿年六岁，其兄十二岁，相携砍柴于洞口。柴把末大如碗。贫人愿子以勤，心窃喜之。夏，命以稻棚于塘头守莲。一日吾人自外，于窗外独立，不见吾儿，往视之，棚小不及身，薄且筛日，吾儿仰卧地上，身着短破衣，汗透欲流，四旁野草为日灼枯。余呼之曰："子仁，睡耶？"儿惊坐起，抹眼视吾，泪盈盈，气喘且咳，似恐加责。是时吾之不慈，尚未觉也。

三十二年冬，买山于此处。至中华民国二年秋，八阅寒暑。八年之间，吾尝游桂林及广州。吾出，则有吾儿省祖理家，竹木无害。吾归，造寄萍堂，修八砚楼，春耕小园，冬暖围炉，牧豕呼牛，以及饭豆芋魁，诸为儿辈力助。摘蔬挑笋，种树养鱼，皮书理印，琢石磨刀，无事不呼吾儿，此吾平生乐事也。儿事父母能尽孝道，于兄弟以和让，于妻女以仁爱，于亲友以义诚，闲静少言，不思事人，夜不客宿，绝无所嗜。年来吾归，尝得事侧，故能刻印。因连年世事多变，急于防害，始习枪击，遂致好猎。世变日亟，无奈何，九月初六日忍令儿辈分爨。十一月初一日，吾儿病作，初八日死矣！越二十六日，将葬杏子树三角园，痛哉。初三之日坐吾厨下，手携火笼，足曳破布鞋，松柴小火，与母语，尚愁其贫，不意人随烟散，悲痛之极，任足所之。幽楼虚堂，不见儿坐；抚棺号呼，不闻儿应。儿未病，芙蓉花残；儿已死，残红犹在，痛哉心伤！膝下依依二十年，一药非良，至于如此！汝父母未死，将何以至之也？吾儿之灵其鉴之。哀哉！

祭妻弟陈春华文①

　　维年月日，甥□以只鸡斗酒。遣男□祭于□君□妻弟之灵柩前而言曰：君随阿姊于归时，年龄俱幼。余年十二，君年九岁。初相见，亦能效新姻之客气，各自能作羞人态度。越明日，渐与之语。再明日，相与嬉戏于中堂。堂上从前有龛，立家神，置金磬。君跃舞使磬落地，疾转如轮。君追而持之于掌上，以指敲之，铮铮然。且大笑曰："无妨无妨，尚未破也。"相欢逾月。今追思往

---

① 齐白石之妻陈春君的弟弟陈春华于1914年农历七月十八日去世。

事，无不苍伤，其理固然。然君即为今九岁，吾侪亦不能有此乐也。后三十六年，余以曹丘书荐君去广州。越明年，转京师。再明年，转汉口。再明年，还湘潭。再明年，重之京师，余亦同客，朝夕相见。虽言笑问，殊不如当年之有天趣耳。居京师者，有诗文家称予诗，余虽抱愧而窃自欲喜。君知之亦为之喜。有流氓畏余肝胆照人，恐露贼机，与余作难，余虽无愧而不能为忧，君知之亦为之忧。余岂无兄弟，殊不如也。其年丁巳八月二十日，南北交兵，战于熊家桥，相去借山馆咫尺，余又有兵灾之惨。前六月，恨洪水铲断车道，欲归不能。君又知余多愁，每见余归自外，或啖余以葡萄、苹果，以蜜橘、花红，醉翁之意原不在酒，实以慰其寂寞耳。车通，急余先归。今戊午六月初八，得君汉上五月十六日书。其时乡里正乱，行路人多以死伤，即邮资亦不能少带，至七月十二日始答。八月初三日，君弟永年来借山，言七月十八日君弃余去矣。哀哉！君居于汉上之租界，可保无虞，尚如斯，先余得计。余虽然长君五年，其憔悴倍之。生此无此扰乱之湖南，居此无此毒害之邻里，六年以来，所欠一死，无以父母妻子为念。君其知之乎？哀哉尚飨。

齐璜母亲周太君身世[①]

  太君湘潭周雨若女。年十七,归同邑齐贳政。两家皆良民,故清贫。于归日,检箱,太君有愧容。姑曰:"好女不着嫁时衣。"太君微笑之。三日即躬井臼,入厨炊爨。田家供灶,常烧稻草。草中有未尽之谷粒,太君爱惜,以捣衣椎椎之,一日可得谷约一合。积少成多,能换棉花。家园有麻,春纺夏织,不歇机声。机织成,必先奉翁姑,余则夫妇自著。年余,布衣盈箱,翁姑喜之。

---

① 齐白石之母周太君于1926年农历三月二十三日去世。

敬顺翁姑有礼。年十九,生纯芝,名璜,小时多病,每累母忌食膻腻,恐从乳过,太君尝过新年不知肉味。纯芝八岁,祖父以指画字样于膝上,教之解识。一日或数十字,终能不忘,祖父叹之。太君知翁忧其无能从学,曰:"儿媳往年有椎草之谷四斗,隔岭某邻家借去,可取回,买纸笔及书本。阿爷明岁邀村学于枫林亭,可免束脩。纯芝朝去暮归,能得读书一年。"翁姑益感其贤。纯芝及弟纯松,尝牧牛,归来迟暮,姑媳悬望。祖母令纯芝佩以铃,太君加铜牌一方,上有"南无阿弥陀佛"六字,与铃合佩,乡传可以拔除不祥。亦日夕闻铃声渐近,知牧儿将归,倚门人方入厨晚炊。太君年三十后,翁弃世,夫子泣血,太君亦然。从此家见奇穷,恨不纯芝兄弟一日长成,身长七尺,立能反哺。生六男三女. 提携保抱,就湿移干,补破缝新,寸纱寸线未假人手。劳苦神伤,故中年已成妓接。纯芝几以筠箩担药,百草不灵。年将老,纯芝方成立,以画重于中外。太君心中喜乐,精气自强,渐能下床,不治病能自愈。五十岁后,姑亦逝,第六子纯俊及长女先后夭亡。太君连年泣之,丧明,两眶见血,心神恍惚,语言无绪,皆为衰翁姑哭子女所过。年七十,湘潭匪盗如鳞。纯芝有隔宿粮,为匪所不能容,远别父母北上,偷活京华。太君二老,年共百六,衰老不能从游,从诸儿居于星斗塘老屋。民国十五年夏历三月之初,太君病笃,医药无功。是时正值南北皆大乱,道路险阻,乡压更狂。

延息至二十三日巳时，间日："纯芝归否？我不能再候。不见纯芝，心虽死犹悬悬。"卒于内寝，享年八十又二，距生前清道光□□年乙巳九月初八日巳时。男纯藻亦有家，惧匪害，母卒未归。纯松、纯培、纯桃，孙良元等，亲视含殓，殡于老屋之堂上。愿兵匪稍息，纯芝匍匐还乡，买山下穴，扶榇安葬。男六人，女三人，孙十四人，孙女五人，曾孙七人，曾孙女三人。

祖父万秉公墓志①

　　公讳万秉，字宋郊，湘潭人也，生性正直。年五十后，始盖茅成屋于星斗塘下。暮年弄孙自乐，尝天寒围炉，纯芝已六岁，公犹以羊裘襟裹于怀。夜则以炉钳画灰，朝则以指头画膝，教之识字。复从村塾于枫林亭，去家二里。或天行雷雨，公左手提饭箩，右执雨盖，负雏往返。沿路泥泞，口诵《论语》，教和其声。如是者经年。同治十三年甲戌春二月一日，忽呼纯芝及弟纯松立

---

①齐白石祖父齐万秉于1939年农历五月五日去世。

膝前曰：阿芝年十二矣。前庚午岁，尚不解闻乡事。足岁秋九月，莲花寨哥弟会作乱，官兵剿而败之。数十里中皆搜捕，获斩者如鸡，逃窜者如鼠，殃及口族难堪。正乱炽之时，田丘满地，独汝父收拾稻草。其清白，邻里叹服，故搜捕不过吾门。汝兄弟得成人，必欲光前，不偏党，不盗贼，不为官吏。遗训此言，贤顺至矣。公年六十有七，甲戌五月五日卒于正寝。葬于杏子树三角园之阳。甲戌后五十八年，辛未秋九月，纯芝述德。

小翁子葬志①

  小翁子,湖南湘潭孝童也。其父齐璜,中华民国六年丁巳避乡乱窜于古燕京。至二十三年甲戌,小翁子生。年三岁,时诸兄姊常争分甘,独翁子待父母呼,方近膝下,得所分者,必欲反哺。民国二十七年,葬于古燕京湖南公墓。吾所后望,偏不永年。伤心哉!

---

①胡宝珠生第四子齐良迟(字翁子,号子长)于1938年去世。

祭陈夫人文①

维年月日，夫婿齐璜函令儿孙等奉鸡豚代父奠于吾妻齐陈春君之灵柩前。呜呼。前清同治十三年正月二十一日，乃吾妻于归期也，是时吾妻年方十二。是年五月五日，吾祖父万秉公病塞喧寿终，家财仅六十千文，尽其安葬焉。如是吾父一人耕，儿女多数，无计为活，令吾学于木工。吾妻事祖母翁姑之余，执炊爨，和小姑小叔。家虽贫苦，能得重堂生欢。二十岁时，长女菊如在孕。一日无柴为炊，

---

① 齐白石之妻陈春君于1941年农历正月十四去世。

手把厨刀，于星斗塘老屋后山右自砍松枝。时孕将产生，身重难于上山，兼以手行。以及提桶汲井，携锄种蔬，辛酸历尽。饥时饮水，不使嫁家得闻。有邻妇劝其求去，吾妻笑曰："命只如斯，不必为我妄想。有家财者，不要有夫之妻。"至丁亥，良元生。是年吾弃斧斤，学于诗画。又生良黼，又生次女阿梅。光绪庚子春，吾一家迁于莲花峰下百梅祠堂。壬寅夏，良昆生。是冬吾为友人聘，始游西安。十年之中，五出五返，仗有吾妻理家事，故乡盐米价吾不知矣。重堂顾奉，儿女养育，家务撑持，避乱迁移，概系吾妻担负。丙午春，买山余霞峰下安居。民国六年乙卯，因乡乱，吾避难窜于京华，卖画为活。吾妻不辞跋涉，万里团圆，三往三返，为吾求宝珠以执箕帚。宝珠初生良迟，吾妻恐不善育，夜则抱之慎睡，饥则送与母室乳之。寒夜往返，已经数月，能尽劬劳，第三次来亲视良迟。因年老多病，子贞迎母先父还家。宝珠待吾不怠。吾年七十五时，一夜犬吠聒耳，触吾怒，欲逐之去。行走太急，足触铁栅栏之斜撑，身倒于地，作伐木倒地声，是以竟成残疾。着衣纳履，宝珠能尽殷勤。得此侍奉之人，乃吾妻之恩所赐。宝珠共生三男三女，亦吾妻之德报也。吾居京华二十三年，得诗画篆刻名于天下，实吾妻所佐也。吾与贤妻相处六十八年，虽有恒河沙数之言，难尽吾贫贱夫妻之事。今年庚辰二月之初，得家书知吾妻正月十四别吾去矣，伤心哉！惟去时叮嘱儿辈，慎侍衰翁。吾知贤妻之缺恨夫婿天涯，尚飨！

祭夫人胡宝珠文[①]

夫婿璜涕泣:谨以不腆之酒肴,致祭于宝珠贤妹夫人之灵位前曰:夫人尝与璜戏言曰:"宝珠若死君后,不畏道路艰难,必携一家扶君榇还乡。若死君先,停棺不葬。君若生还,带宝珠之柩葬于齐氏祖山。倘九泉有知。亦涕泣感戴。"今朝事到眼前,岂食言于我夫人。故将我夫人之柩,暂寄宣武门外法源寺。俟时乱稍平,决不负我夫人也。呜呼,尚飨!

[①] 齐白石之妻胡宝珠于1943年农历十二月十二日病殁。

———————— 相关链接 ————————

母亲18岁那年嫁给父亲,婚后曾生养了四儿四女,其中一儿二女不幸夭折(即二姐良欢,弟弟小翁子,最小的妹妹良尾)。母亲身体一向虚弱多病,但她对父亲的衣食、作画等总是照料得无微不至。

父亲曾说:"宝珠18岁进我家门,二十多年来,善事我的起居,寒暖饥饱,时刻关怀!"母亲心地善良,性情温顺,为人宽厚。她与父亲相处的24年中,两人从来没有吵架拌嘴的事,深得邻里的赞赏。

1943年12月12日,母亲不幸与世长辞。我当时只有13岁。

——摘自胡宝珠女儿齐良芷《我的母亲胡宝珠》

忆先父[①]

予少时随父耕于星塘老屋前之田,向晚濯足星塘,足痛如小钳乱夹。视之,见血。先父曰:"此草虾欺我儿也。"忽忽七十余年矣。碧落黄泉,吾父何在!吾将不能归我星塘老屋也。癸未五月十一日。

[①] 齐白石之父齐以德于1943年去世。

辑三 其人其事

白石老人生平

1864年，2岁

1月1日（农历一八六三年十一月二十二日）生于湖南湘潭白石铺杏子坞星斗，按生年即一岁的传统计岁法，次年一月即为两岁。齐白石为长子，名纯芝，字渭清，又字兰亭。家贫寒，少时读书一年，牧牛砍柴之余读书习画。

1865年，3岁

多病。母亲和祖母多次为此烧香求神。

1866 年,4 岁

病愈,祖父教识字。

1870 年,8 岁

始从外祖父周雨若读书,常用习字本、账薄纸作画。秋时辍学。

1872 年,10 岁

在家做农活儿,开始上山砍柴。

1874 年,12 岁

由父母做主,娶童养媳陈春君。祖父万秉公去世。

1877 年,15 岁

先后拜本家祖叔齐仙佑、远房本家齐长龄为师,做木匠学徒。

1878 年,16 岁

拜周之美为师,改学雕花木工。

1882 年,20 岁

用半年时间习摹《芥子园画谱》,此后做雕花木活儿便以画谱为据，花样出新。

1888 年，26 岁

拜民间艺人萧芗陔为师，弃凿学画。

1889 年，27 岁

拜胡沁园、陈少蕃为师学诗画，逐渐脱离木工生活，专习绘画，为人作肖像养家。

1891 年，29 岁

在家乡卖画，并苦读诗书。

1892 年，30 岁

逐渐在家乡有了名气，除肖像外，亦画人物、山水、花鸟、鱼虫等。

1894 年，32 岁

与王仲言等七人结"龙山诗社"，被推选为社长。后与黎松庵等结"罗山诗社"，一起吟诗、作画。

1896 年，34 岁

开始钻研篆刻。

1899 年，37 岁

拜湘潭名士王闿运为师，学习诗文。

1900 年，38 岁

佃居莲花峰下梅公祠，自称"百梅书屋"，并在院内自盖一间书房，名"借山吟馆"。

1902 年，40 岁

应夏午诒邀请，赴西安教画，结识樊樊山。

1903 年，41 岁

春，从西安到北京，结识曾熙、李瑞荃等，期间夏午诒向慈禧太后推荐齐白石做内廷供奉，齐白石坚辞之。六月离京，经天津绕道上海，坐江轮到汉口，返回湘潭。此为第一次远游。

1904 年，42 岁

随王闿运赴江西，游庐山、南昌等地。刊印《白石草衣金石刻画》，王闿运为其作序。秋日还家。

1905 年，43 岁

赴广西，游桂林。与蔡锷、黄兴相识。

1906 年，44 岁

春节后，先后去梧州、广州、钦州，郭葆生留其教画，饱览郭所藏徐渭、八大、金农诸名家真迹，得以临摹。八月回湘潭。是为三出三归。周之美师傅辞世。以教画薪金购置旧屋并数十亩水田。

1907 年，45 岁

春夏之交，再赴钦州，游肇庆、端溪。是年冬，回湘潭。

1908 年，46 岁

春，即赴广州。是年秋，仅回湘潭小住几天，其余时间皆在广州度过。

1909 年，47 岁

在广州过春节，后去钦州。初夏赴上海，以卖画为生。夏秋之间，游苏州。往南京拜访李梅庵，为其治印三方，10 月返回湘潭。至此结束"五出五归"的远游生活。其后在家乡葺"寄萍堂"，开始八年的山居生活，潜心吟诗作画。对八大山人、石涛的花鸟画多所取法，画笔更见简练，但草虫写生，多工致，间或以写意出之。书法学金农，得其神髓。

1914 年，52 岁

4 月，其师胡沁园去世。

1917 年，55 岁

5 月，二进北京，正赶上"张勋复辟"，匆匆去天津避难，6 月复归北京，在琉璃厂南纸铺挂润格卖画。期间和老朋友樊樊山、夏午诒、郭葆生等往来甚密，并结识陈师曾、姚茫父、陈半丁等。10 月，离京返湘，乡居一年。

1919 年，57 岁

与胡宝珠结婚，从此定居北京。从陈师曾劝，始行变法。

1920 年，58 岁

结识梅兰芳、林琴南、陈散原及 12 岁的张次溪等。

1922 年，60 岁

春，陈师曾到日本开中国画展览会，展出的齐白石画作全部以高价售出。

1923 年，61 岁

陈师曾在南京病逝，齐白石数次题诗痛悼好友。

1925 年，63 岁

春，大病，人事不知七昼夜。卧病榻月余，停止作画、刻印。梅兰芳正式拜师学画。

1926 年，64 岁

3月，母亲周太君病逝，享年 82 岁。7月，父亲亦病逝，享年 88 岁。两度停止作画、刻印。

1927 年，65 岁

应林风眠邀请，任教于北京艺术专科学校，教授中国画。

1928 年，66 岁

印行《白石诗草》《借山吟馆诗草》（手写本影印）。

1933 年，71 岁

印行《白石诗草》（八卷铅印本）。

1936 年,74 岁

游四川。结识黄宾虹。

1937 年,自称 77 岁

因故加两岁,自称 77 岁。是年 7 月,北平沦陷,心情悲愤,轻易不见客。

1940 年,自称 80 岁

农历正月,妻陈春君去世,享年 79 岁。齐白石撰《祭陈夫人文》。为反抗日寇及汉奸的骚扰索画,贴出"画不卖与官家"的告白,谢绝见客。

1944 年,自称 84 岁

1 月,继室胡宝珠病故,年 42 岁。

1946 年,自称 86 岁

抗战结束,复又在琉璃厂挂润格,重操卖画治印生涯,10 月赴南京、上海举办个展,200 多张画全部卖出。并应徐悲鸿聘,任北平艺专名誉教授。

1947 年，自称 87 岁

40 岁的李可染由徐悲鸿介绍拜齐白石为师。

1949 年，自称 89 岁

参加周恩来招待宴会。为毛泽东刻石印两方。当选中国文联委员、中华全国美术工作者协会委员。

1950 年，自称 90 岁

被聘为中央美术学院名誉教授。4 月间，毛泽东邀请齐白石到中南海做客，并共进晚餐，朱德作陪。10 月，把 82 岁时所作的《鹰》和篆书对联"海为龙世界，云是鹤家乡"赠送毛泽东。参加北京市"抗美援朝书画义卖展览会"。冬，为《人民日报》画《和平鸽》。

1951 年，自称 91 岁

2 月，画作 10 余幅参加沈阳市"抗美援朝书画义卖展览会"。

1952 年，自称 92 岁

为北京亚太区域和平大会创作丈二巨幅《百花与和平鸽》。多次创作题为《和平胜利》《和平万岁》的作品。

1953 年，自称 93 岁

1月7日，北京文化艺术界200余人参加"齐白石93岁生日庆祝会"。中央文化部授予其"人民艺术家"称号。担任北京中国画研究会主席、中国美术家协会第一任理事会主席。

1954 年，自称 94 岁

4月28日，中国美术家协会在故宫博物院举办"齐白石绘画展览会"。8月，当选为全国人大代表。9月15日，出席首届全国人代会。

1955 年，自称 95 岁

6月，与陈半丁、何香凝等14位画家为世界和平大会合作巨幅《和平颂》。德意志民主共和国艺术科学院授予通讯院士荣誉状。

1956 年，自称 96 岁

4月27日，获世界和平理事会1955年度国际和平奖金。9月1日，在北京隆重举行授奖仪式，周恩来亲自到场祝贺。

1957 年，自称 97 岁

5月15日，担任北京中国画院名誉院长。9月16日，在北京医院逝世。9月21日，周恩来、陈毅等国家领导人参加了公祭。

1953年,周恩来在中南海怀仁堂为齐白石补庆九十三岁寿辰,并对他说:"您是人民杰出的艺术家,您为人民、为我们国家做出了非常大的贡献,人民永远不会忘记您。"

1953年齐白石九十三岁寿辰,交谈中的齐白石和梅兰芳。

湖南省湘潭市齐白石纪念馆

---------- 相关链接 ----------

在研究齐白石生平过程中，胡适发现的一个最大的问题，就是几个材料记载的年龄不一样，一说生于1861年，一说生于1863年，这样就相差了二年，使年谱无法顺利地编下去。到底哪一个对呢？胡适一贯主张实地考察，应该问问白石老人自己。他不便直接当面问，只好托人婉转地探问，结果得到的答复却十分含糊。他感到这里面肯定有什么难言之隐，于是请他的朋友黎锦熙帮他解决这个问题。黎家与齐家有通家之好，他与白石老人也从小相识，经过黎锦熙的查询，最终弄清楚了白石老人的生年应

当是1863年。那么,白石老人为什么要将自己的年龄说大两岁呢?这里面确实有个被胡适认定的"小秘密"。原来在白石老人75岁那年,长沙有个叫舒贻上的曾为他算过命,说他这一年"脱丙运交辰运,美中不足"。他听信了这话,就在舒贻上为自己写的命册中批记云:"宜用'瞒天过海法':今年七十五,可口称七十七,作为逃过七十五一关矣。"就这样,白石老人从此将自己的实际年龄说大了两岁。胡适对订正这个问题很自信,他说:"这一点弄明白了,年谱的纪年才可以全部改正。老人变的戏法能够'瞒天',终究瞒不过历史考证方法。"白石老人玩的"瞒天过海"法,虽是旧时代的迷信思想,但也透出老人的一种单纯和可爱。

——苏育生《胡适与齐白石》

画作精选48幅

《罗汉》
约1897年—1902年作，48cm×32cm，现北京荣宝斋藏。题款"白石山人画"。

《赐桃图》
1906年作，168cm×92cm，现辽宁博物馆藏。题款"赐桃图。龙山社任齐璜画以寿晋卿老伯。时光绪丙午冬十月"。

《黛玉葬花》
约1900年—1909年作,
105cm×36cm,现湖南
博物馆藏。题款"齐璜"。

《梅花喜鹊》
约1900年—1909年
作，173cm×48cm，
现辽宁博物馆藏。

《芦蟹》
约1911年—1916年作,75cm×40cm,现辽宁博物馆藏。

《日出图》
约1910年—1917年作,131.8cm×64.4cm,现中国美术馆藏。题款"甲丞先生之雅意。弟齐璜"。

《宋岳武穆像》
约1921年—1922年作，169cm×95cm，现天津艺术博物馆藏。题款"宋岳武穆像。虎威上将军命。齐璜敬摹"。岳武穆即宋代名将岳飞。

《汉关壮缪像》
约1921年—1922年作，169cm×95cm，现天津艺术博物馆藏。题款"汉关壮缪像。虎威上将军命。齐璜敬摹"。关壮缪即关羽。

《山水》
1922年作，140.1cm×39.3cm，现中国美术馆藏。题款"一代古雅惟直公能知。壬戌三月，齐白石"。

《万户人家》
1923年作，23cm×66cm，现中国艺术研究院美术研究所藏。题款"恭庵先达尝以书来索画细致山水。一面扇页，万户人家，不可谓不工矣。隔江杨柳千条未作算也。癸亥十月弟璜并记"。

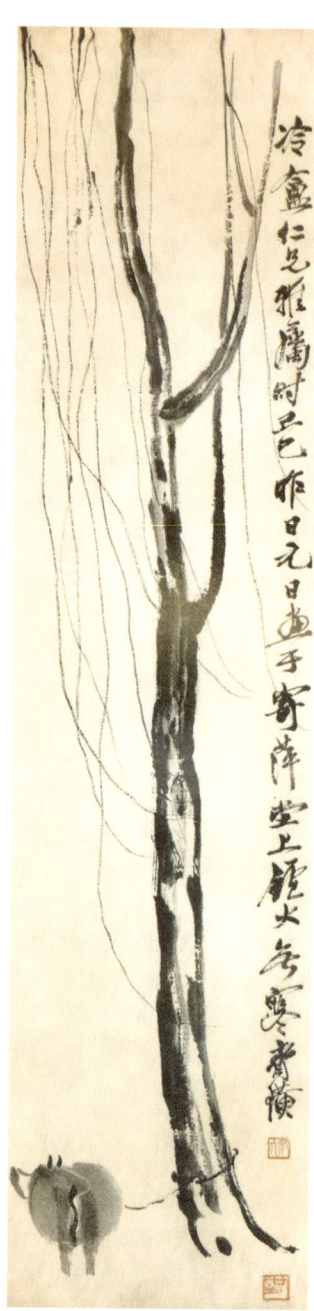

《柳牛图》
1929年作，155cm×37.5cm，原胡橐原藏，现炎黄艺术馆藏。题款"冷庵仁兄雅属。时己巳。昨日元日，画于寄萍堂上。炉火无寒。齐璜"。

《菩提坐佛》

1932年作，72.5cm×48cm，原夏衍藏，现浙江省博物馆藏。题款"壬申春。齐璜恭画"。

《海棠》
1932年作,129.8cm×33.6cm,现中国美术馆藏。题款"启明夫人清属。七十老人齐璜"。

《雏鸡》
约 1930 年—1935 年作，70cm×35cm，现四川美术学院藏。题款"声闻世＊之属。齐璜赠于旧京"。

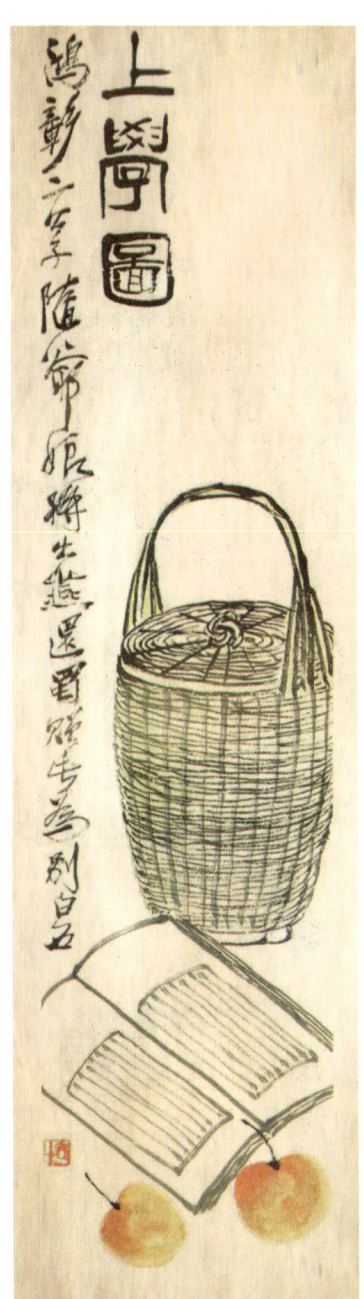

《上学图》
约1930年—1935年作，104cm×22.5cm，现四川省博物馆藏。题款"上学图。鸿彰二公子随爹娘将出燕远蜀，赠此为别。白石"。

《乌桕八哥图》
约1930年—1935年作,100.8cm×34cm,现中国美术馆藏。题款"白石老人作"。

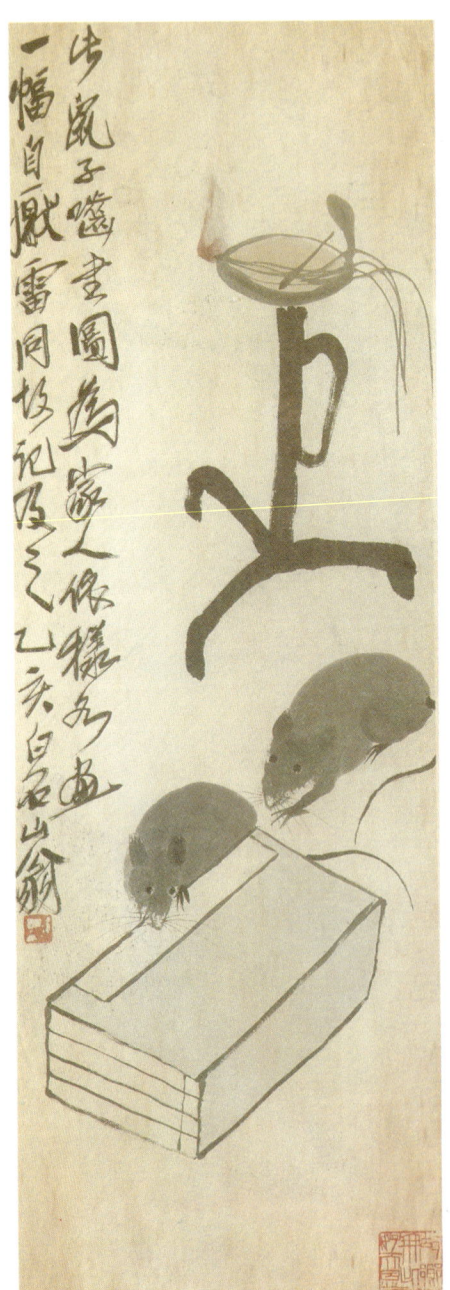

《鼠子啃书图》
1935年作，103.1cm×34.5cm，现中国美术馆藏。题款"此鼠子啃书图。为家人依样各画一幅，自厌雷同，故记及之。乙亥。白石山翁"。

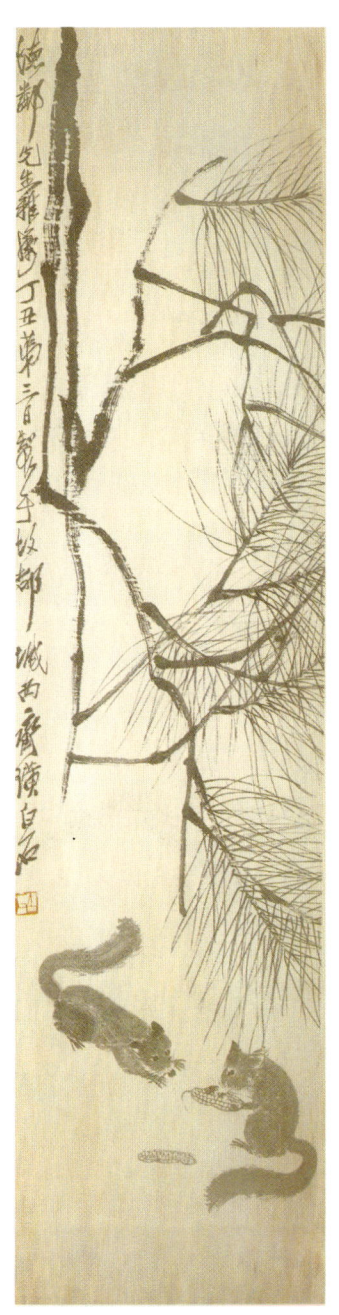

《松鼠争食图》
1937年作,130cm×33.5cm,现北京荣宝斋藏。题款"子英先生之雅。丙子十二月。白石齐璜"。

《罗浮仙蝶》（昆虫册页）
约1938年—1940年作，33.5cm×26.3cm，现中国美术馆藏。题款"罗浮仙蝶。白石"。

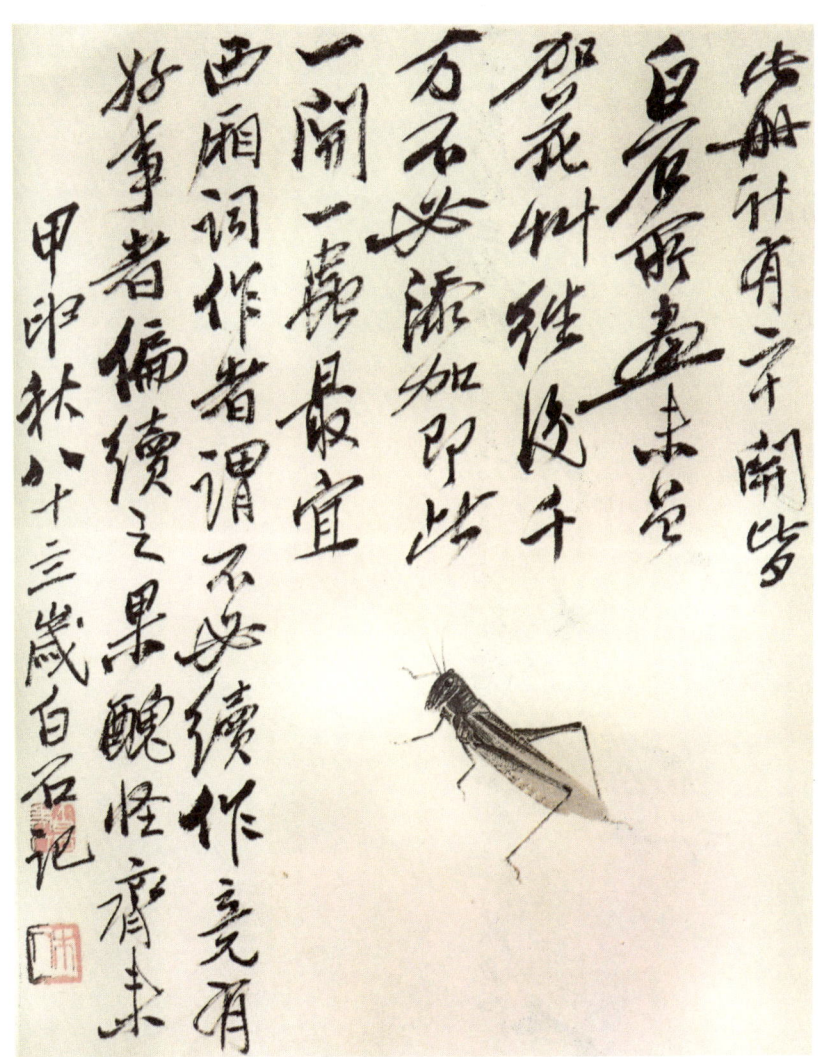

《蚂蚱》（昆虫册页）

1944年作，28.1cm×20.8cm，现中国美术馆藏。题款"此册计有二十开，皆白石所画，未曾加花草，往后千万不必添加，即此一开一虫最宜。西厢词作者谓不必续作，竟有好事者续之，果丑怪齐来。甲申秋，八十四岁白石记"。

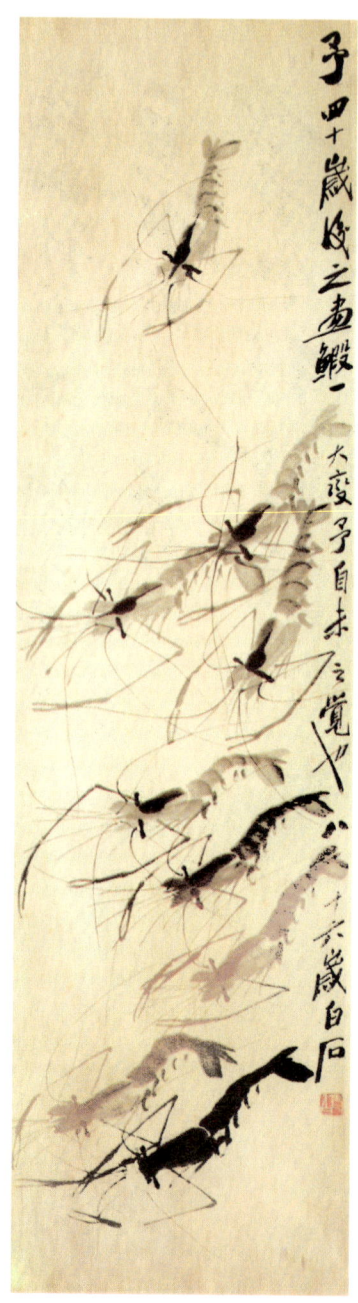

《虾》
1946年作，133cm×33.5cm，现天津杨柳青书画社藏。题款"予四十岁后之画虾一大变，予自未之觉也。八十六岁白石"。

《梅蝶图》
1946年作，104cm×34cm，现湖南省博物馆藏。题款"芝邻先生清属。丙戌，八十六岁寄萍老人璜"。

《稻草麻雀》
1946年作,135.7cm×32.4cm,现中国美术馆藏。题款"丙戌冬十又一月,白石。杏子坞老民制"。

《枫叶秋蝉》
1947年作,65cm×33cm,现中国美术馆藏。题款"霜叶丹红花不如。八十七岁白石"。

《葡萄松鼠》
1947年作，34cm×34cm，现中国美术馆藏。题款"阿芝"。

《多寿》
1948年作，139.9cm×61.2cm，现中国美术馆藏。题款"多寿。戊子，八十八岁齐白石"。

《鼠·笋》(鼠子册页)
1948年作,27cm×36cm,现湖南省博物馆藏。题款"一日为悲鸿校长画鼠十二页,友人见之亦复属为之。八十八岁白石"。

《茨菇青蛙》
1948年作,103.5cm×34.3cm,现北京故宫博物院藏。题款"戊子秋,八十八岁白石老人"。

《古树归鸦图》
1949年作，138cm×48cm，现北京画院藏。题款"八哥解语偏饶舌，鹦鹉能言有是非，鹦鹉能言有是非，省却人间烦恼事，斜阳古树看鸦归。伯安先生清属。己丑，八十九白石"。

《耳食图》
1950年作，97cm×36.5cm，现广州市美术馆藏。题款"九十岁白石老人"。

《万竹山居》

1951年作,68.5cm×41.5cm,现天津艺术博物馆藏。题款"予为诸同学画山水小幅。尚谦女弟见之。不能独无。予怜之。画此兴。辛卯,九十一岁老人"。

《愿世界人都如此鸟》
1951年作，99cm×40cm，现辽宁省博物馆藏。题款"愿世界人都如此鸟。辛卯小年赠东北博物馆。九十一白石老人"。

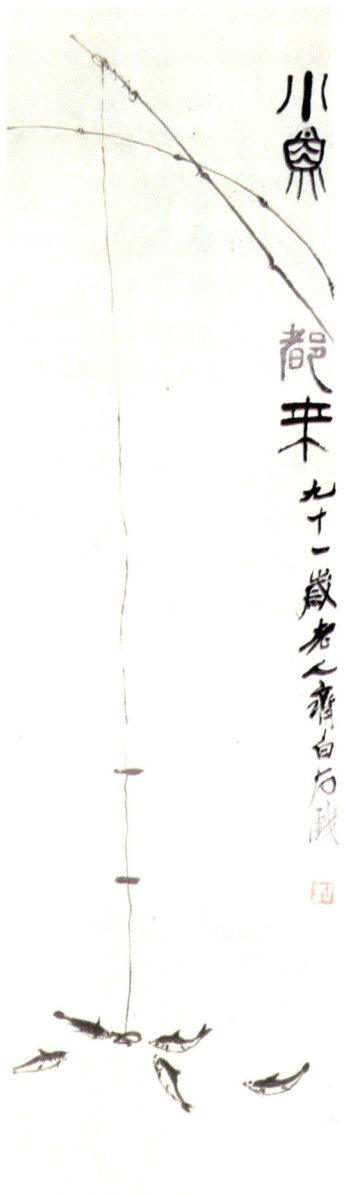

《小鱼都来》
1951年作,137.7cm×34.4cm,现中国美术馆藏。题款"小鱼都来。九十一岁老人齐白石戏"。

《虾》
1951年作,104cm×34cm,原夏衍藏,现浙江省博物馆藏。题款"夏衍先生正。借山老人白石九十一岁"。

《长寿》
约1951年作,28cm×17.5cm,现北京荣宝斋藏。题款"长寿。白石"。

《梅花茶具图》
1952年作,34cm×27cm,现北京中南海藏。题款"毛主席正。九十二岁齐璜"。

《和平》
1952年作,36cm×30cm,现北京饭店藏。题款"和平。九十二岁白石"。

《雨耕图》
1952年作,69cm×52.7cm,现中国美术馆藏。题款"齐白石,九十二岁尚客京华白石铁屋"。此图同年画了两幅,一幅送于老舍。

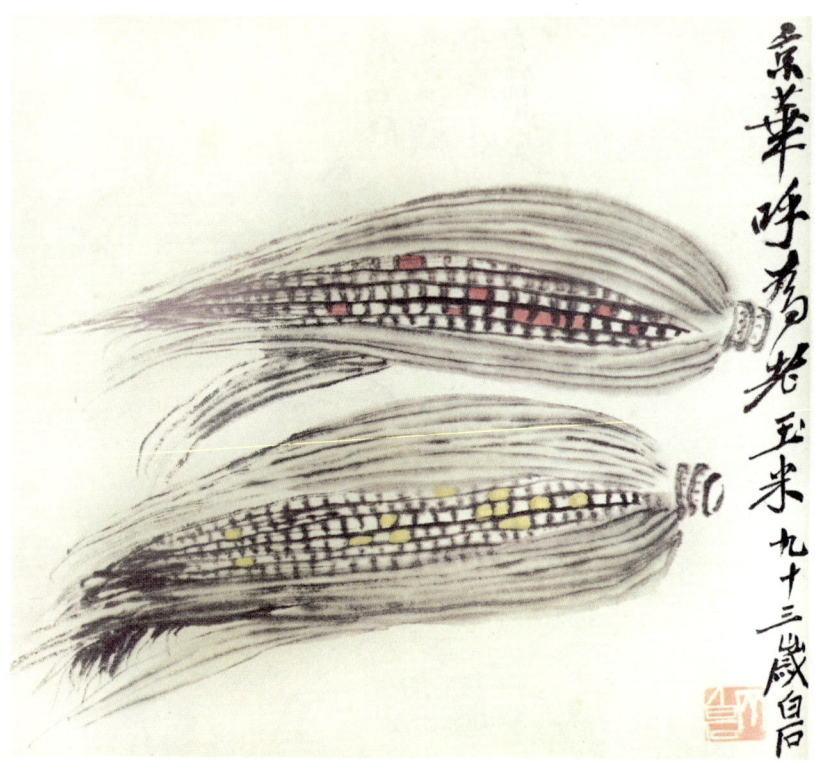

《玉米》(蔬果册页)
1952年作,34cm×34cm,现中央美术学院藏。题款"京华呼为老玉米。九十三岁白石"。

《不倒翁》

1953年作，119cm×41.4cm，现中国美术馆藏。题款"能供儿戏此翁乖，打倒休扶快起来。头上齐眉纱帽黑，虽无肝胆有官阶。白石四十岁后句。实为无聊，九十三岁白石"。

《松鹤图》
1954年作,290.5cm×70cm,现北京中南海藏。题款"毛主席万岁。九十四岁齐白石"。

《折枝花卉卷》（局部）
1954年作，46cm×396cm，现辽宁省博物馆藏。

《芙蓉游鸭》
1956年作,135.2cm×34.4cm,现中国美术馆藏。
题款"九十六矣。白石"。

《樱桃》
1956年作。100cm×34cm，现北京画院藏。题款"九十六岁白石"。

《红梅》
1956年作，101cm×47cm，现湖南省博物馆藏。题款"九十六岁白石"。

《胡萝卜豆荚》
1957年作，64.8cm×33.3cm，现中国美术馆藏。题款"九十七岁白石"。

《牡丹》
1957年作，68cm×33.3cm，现中国美术馆藏。题款"九十七岁白石"。

《牡丹》
1957年作，105cm×35cm，原齐良已藏。题款"九十七岁白石"。齐良已曾在《父亲画的最后一幅画》一文中说："1957年父亲逝世这一年的春夏之际，他的精神有点不济了，健康状况已大不如以前，远丝毫不服老，顽强地和衰老做斗争，画了一幅花中之王——牡丹。这是父亲一生中画的最后一幅画。"

篆刻与书法

齐白石

齐白石

齐白石

齐频生

阿 芝

齐 大

借山老人

齐 璜

濒 生

白石翁

借山翁

借山老子

白石印记

白石老人

老 白

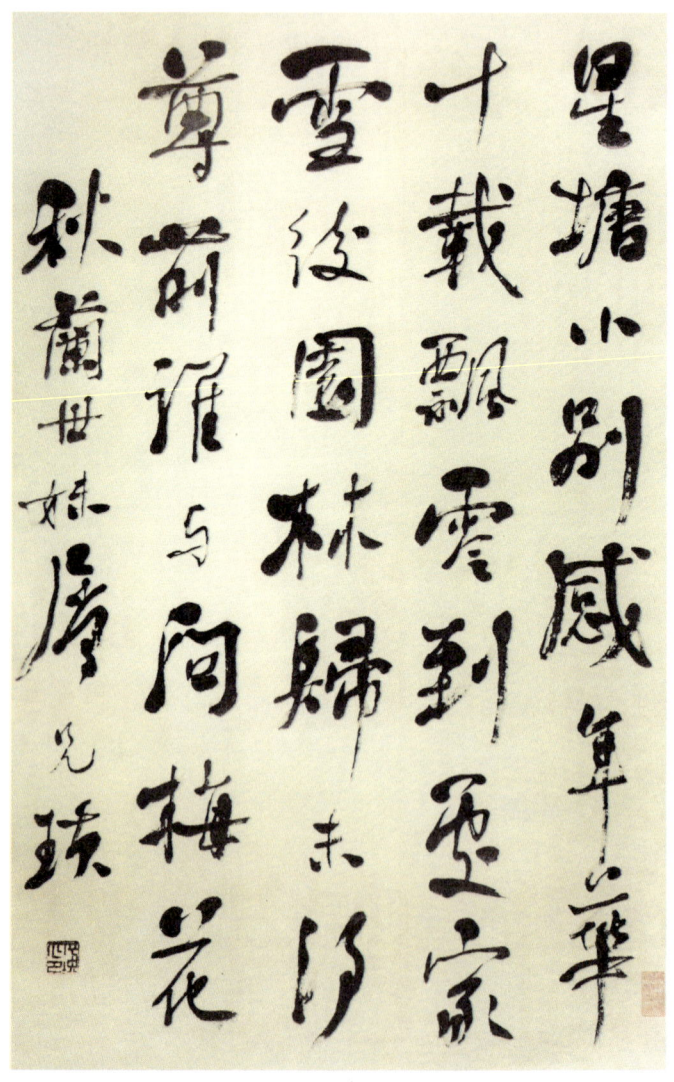

"星塘小别感年华,十载飘零到处家。雪后园林归未得,尊前谁与问梅花。秋兰世妹属。兄璜。"1909年作,76cm×46cm,现湖南省博物馆藏。

司马西河宝公名彦澄。硕德高闻。绍贤远识。器守岳厚。捡操冰清。属以帅长。摄行随手。以己而广于诗书。以家而行于孝友,以重而雅俗自兴。辛亥正月,白石山长。约1911年作,79cm×34.5cm,现中国美术学院藏。

"老树著花偏有态,春虫食叶例抽丝。紫丁香馆主人论篆。此龙山社弟王训赠余句。癸亥冬十一月。白石山翁齐璜。"约1923年作,130.5cm×18.5cm,现陕西美术家协会藏。

"鲁史别流称夹氏。宋廷纳士纪钱王。无近先生法论。庚子春,齐璜。" 1930年作,166cm×40cm,现湖南省博物馆藏。

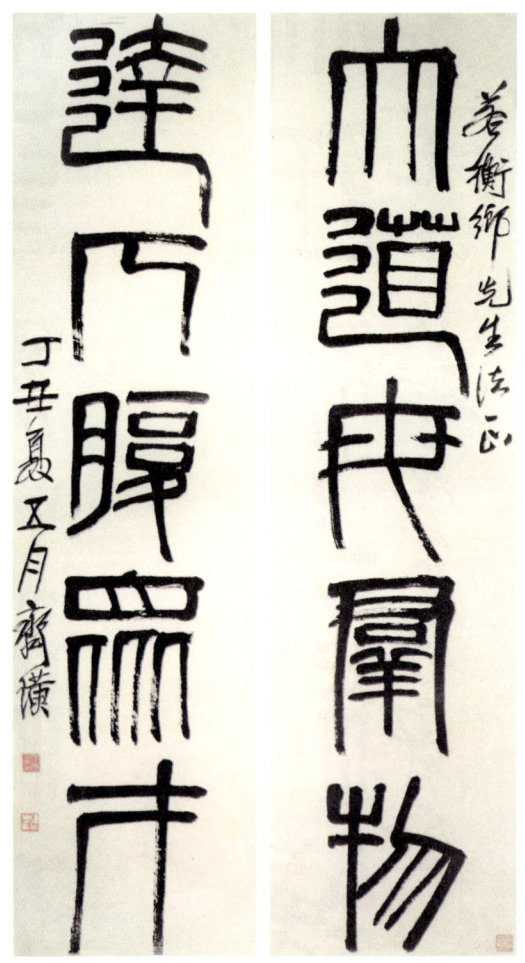

"大道母群物，达人腹众才。苕衡乡先生法正。丁丑夏五月。齐璜。" 1937年作，179cm×47cm，现湖南省博物馆藏。

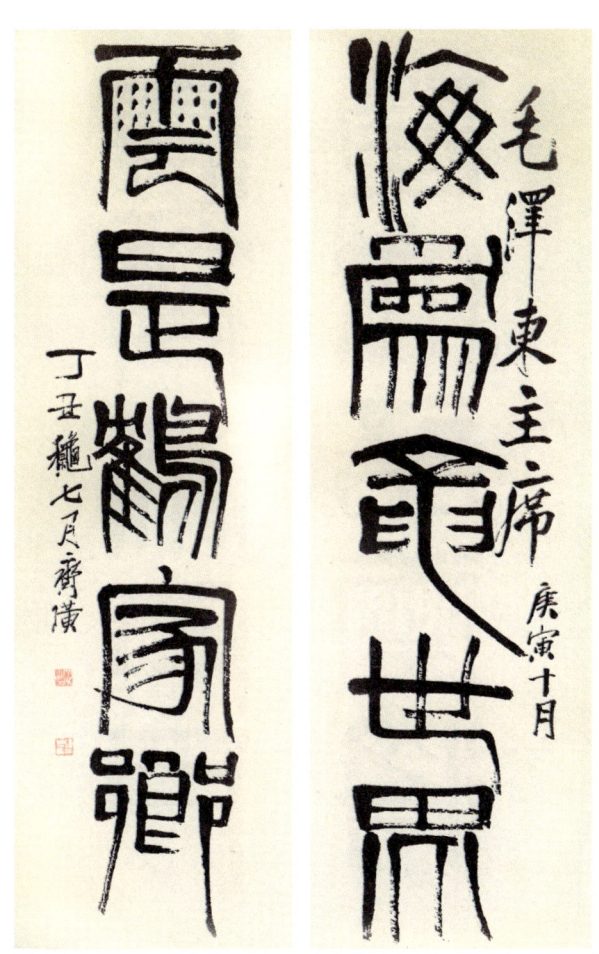

"海为龙世界,云是鹤家乡。毛泽东主席,庚寅十月。丁丑秋七月,齐璜。"1937年作,现北京中南海藏。

"礼称王史氏,治纪大冯君。八十五岁白石齐璜。乙酉。"1945年作,135cm×32cm,现湖南省博物馆藏。

"持山作寿,与鹤同齐。九十岁老人白石。"1950年作,141cm×46cm,现北京荣宝斋藏。

"人和见太平。啸天弟属。辛卯九十一白石。"1951年作，174.5cm×94.5cm，现天津艺术博物馆藏。